名师成长书系

电脑教育游戏的教学应用

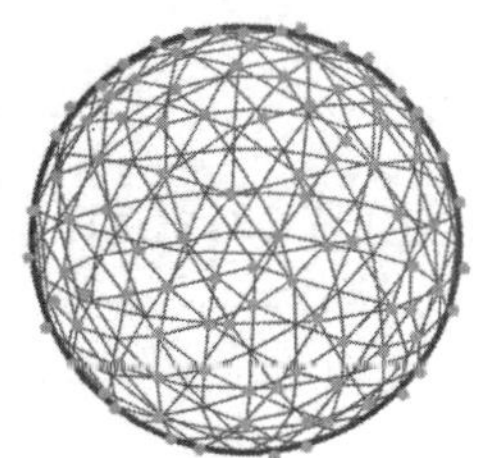

Teaching Application Of Computer Educational Games

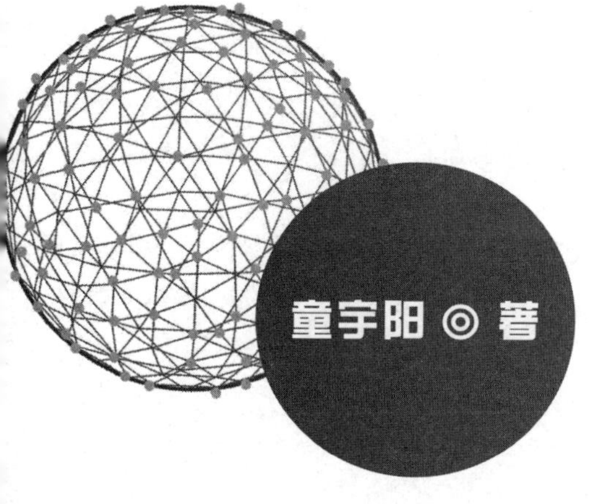

童宇阳 ◎ 著

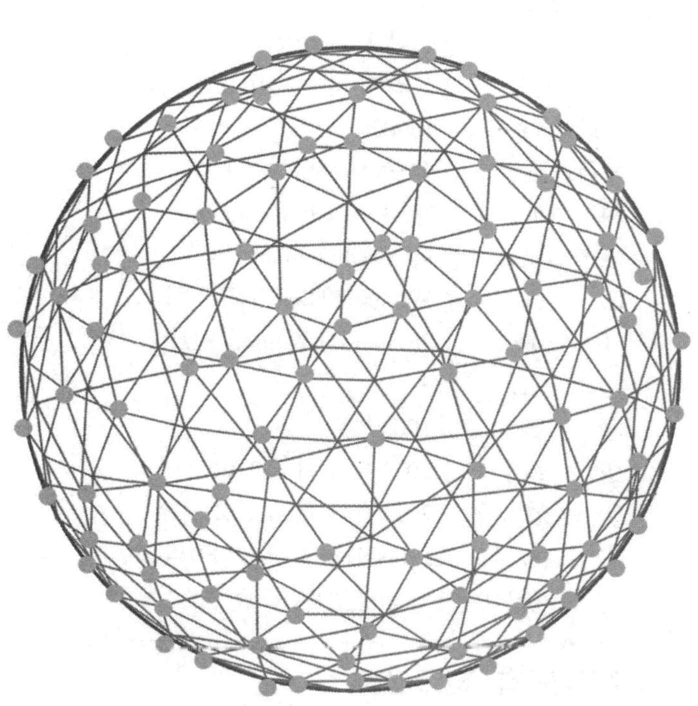

吉林大学出版社

图书在版编目（CIP）数据

电脑教育游戏的教学应用 / 童宇阳著 . —长春：吉林大学出版社，2021.1

ISBN 978-7-5692-8034-0

Ⅰ . ①电… Ⅱ . ①童… Ⅲ . ①计算机辅助教学—教学研究 Ⅳ . ① G434

中国版本图书馆 CIP 数据核字（2021）第 022652 号

书　　名　电脑教育游戏的教学应用
DIANNAO JIAOYU YOUXI DE JIAOXUE YINGYONG

作　　者　童宇阳 著
策划编辑　樊俊恒
责任编辑　张文涛
责任校对　樊俊恒
装帧设计　笔墨书香
出版发行　吉林大学出版社
社　　址　长春市人民大街 4059 号
邮政编码　130021
发行电话　0431-89580028/29/21
网　　址　http://www.jlup.com.cn
电子邮箱　jdcbs@jlu.edu.cn
印　　刷　武汉颜沫印刷有限公司
开　　本　787mm × 1092mm　1/16
印　　张　4
字　　数　100 千字
版　　次　2021 年 1 月第 1 版
印　　次　2021 年 1 月第 1 次
书　　号　ISBN 978-7-5692-8034-0
定　　价　46.80 元

目　录

第 1 章　绪 论

1.1 研究背景

进入 21 世纪以来，全社会都对教育的高质量持续发展高度关注。教育等民生问题愈来愈受到人们的关注[1]。坚持以人为本、全面实施素质教育成为教育改革发展的战略主题。当前教育改革的重点是面向全体学生、促进学生全面发展，着力提高学生勇于探索的创新精神和善于解决问题的实践能力。

《国家中长期教育改革和发展规划纲要（2010–2020 年）》[2] 第十九章指出：信息技术对教育发展具有革命性影响，必须予以高度重视，努力促进教育内容、教学手段和方法现代化，强化信息技术应用，提高教师应用信息技术水平，更新教学观念，改进教学方法，提高教学效果。鼓励学生利用信息手段主动学习、自主学习，增强运用信息技术分析解决问题能力。

《教育信息化十年发展规划（2011–2020 年）》[3] 要求注重信息技术与教育的全面深度融合，充分发挥信息技术的独特优势，使信息化对教育变革的促进作用充分显现。

信息化已经渗透到社会的各个领域，在很多领域中已经产生了巨大的效益[4]，但在学科教学方面信息化并没有带来绩效的显著提高。本书将从学生喜爱的电脑游戏入手，探索将其应用于学科教学大幅提高教学效益的方法和途径，创新教学手段、教育方式、教育理念，为培养出适应现代化需要的信息化人才打基础。

近年来，笔者工作过的单位高度重视信息技术在教育教学中的重要作用，学校已成为广东省现代教育技术实验学校。部分老师已经尝试在学科教学中使用电脑教育游戏来提高教学质量。如，信息技术学科在教学中广泛使用的“金山打字通”游戏、moodle 教学平台等；英语学科使用的“轻轻松松背单词”游戏；数学学科使用的“玩转盘”概率游戏；美术学科的“涂鸦”游戏；地理学科的“认识行政区域”；综合实践学科的“抗震飞行队”和“博士乐园”等。这些游戏及教学平台都极大地激发了学生的学习热情和学习兴趣，受到了学生的欢迎，使学生学中乐、乐中学，学乐结合，融为一体，均取得了很好的教学效果。

1.2 研究界定

1.2.1 电脑游戏

电脑游戏是以计算机技术、网络技术、通信技术等为载体而运行的计算机程序，且该程序具有竞争性、趣味性、知识性、交互性、结果反馈及时等特点。电脑游戏按不同的标准可有不同的分类。

1.2.2 电脑教育游戏

电脑教育游戏：指经过选择，用于教育教学的电脑游戏。

本书中的电脑教育游戏包括一般意义上的游戏软件及具有游戏功能的课件等教学资源及管理平台。

1.2.2.1 电脑教育游戏的类型

按照不同的标准，电脑教育游戏可有不同的分类。

按所依附的介质可分为：单机电脑教育游戏和网络电脑教育游戏。

按所依附的设备可分为：普通电脑教育游戏、手机电脑教育游戏和平板电脑教育游戏。

按游戏呈现的维度方式可分为：二维（2D）电脑教育游戏和三维（3D）电脑教育游戏。目前大多数的电脑游戏都是二维的，如各种 flash 小游戏。但有些游戏已经使用三维形式来呈现了，如《咕噜小天使》这部富有极强童趣的游戏，由于画面完全采用了 3D 卡通渲染的方式，所以玩家可以自由地转动视点，充分感受 360 度旋转操控带来的爽快感。

按游戏内容可分为：角色扮演类，如《仙剑》系列；幻想类，如《幻想三国志》系列；策略战棋类，如各种棋类游戏，五子棋、跳棋、中国象棋等；射击类，典型的代表就是 CS；模拟经营类，如博士乐园、博士海滩、我要开店等；竞速类，如极品飞车、极速赛车等；冒险解谜类，如生化危机、神秘岛等。

按多元智能的作用，电脑教育游戏可分为以下八种：语言型、逻辑型、音乐型、视觉型、交往型、运动型、观察型和内省型[5]。这八种电脑教育游戏对于人的不同能力的培养各有侧重，可以分别应用于不同的场合。

按电脑教育游戏适用的学科可分为：语文学科电脑教育游戏；数学学科电脑教育游戏；英语学科电脑教育游戏；物理学科电脑教育游戏；化学学科电脑教育游戏；地理学科电脑教育游戏；生物学科电脑教育游戏；信息技术学科电脑教育游戏；历史学科电脑教育游戏等。

1.2.2.2 电脑教育游戏的特征

一般地，电脑教育游戏具有下列特征：

（1）竞争性：电脑教育游戏大多采用闯关、晋级、积分等竞争手段，吸引学生参与其中。

（2）趣味性：电脑教育游戏的内容通常非常符合学生的兴趣，无论是游戏的内容还是游戏的形式都越来越有趣味，能很快抓住学生的注意力，并促使学生参与到游戏的进程中。尤其是多媒体技术日趋成熟，声、光、电、动画、视频等的作用使电脑教育游戏越来越有趣味性。

（3）知识性：电脑教育游戏与纯娱乐的电脑游戏最大的区别就是知识性。在教学中引入电脑教育游戏的目的就是为了提高教育教学的有效性。可以说，帮助学生获得自然科学知识及人文科学知识是电脑教育游戏最主要的使命。

（4）交互性：一般的电脑游戏都具有交互性，而电脑教育游戏则要求交互性更强。只有高交互性，才能最大程度地发挥电脑教育游戏的教育功能。本书中，对电脑教育游戏的范围进行了放大，即不仅包括一般意义上的电脑游戏，还包括具有游戏功能的PowerPoint（PPT）课件、在线学习平台（如在线考试系统、问卷星、moodle教学管理平台、电子书包、交互电子白板等）。

（5）结果反馈及时：能及时反馈结果是电脑教育游戏吸引老师和学生的重要原因之一。从心理学上讲，越是成就动机高的人越乐于挑战，越想尽早知道自己挑战的结果。从教学论来讲，及时反馈学习结果，有利于老师和学生尽早发现教学中存在的问题，以便尽早改进教学方法。

（6）自主性：采用电脑教育游戏进行学习的学生，可以根据自己的实际情况，灵活地选择相应难度的学习任务进行学习。另外，学习时间的安排也很自由。特别是在网络学习环境下，师生一对一的答疑辅导变得非常容易，此外，水平相当的同学还可以组成学习小组，相互学习，相互辅导。

（7）可重复性：电脑教育游戏的可重复性，可以满足首次学习新知识却没有完全掌握的学生。对于一些学习上的难点，通过重复玩游戏的方法可以很容易地解决。另外，对于掌握一些需要反复练习的技能，重复玩游戏是一条很好的途径。如，指法训练，如果不引入游戏，学生很快就会厌烦，甚至放弃。

1.2.3 绩效

绩效[6]，从管理学的角度看，包括个人绩效和组织绩效两个方面。绩，就是业绩，它又包括两部分：目标管理（MBO）和职责要求。效，就是效率、效果、态度、品行、行为、方法、方式。效是一种行为。效，又包括纪律和品行两方面。

绩效考核内容通常包括两大部分：业绩考核和行为考核。

本书中的绩效指在教育教学过程中由于电脑教育游戏的应用，教师及学生在教与学的诸方面产生的教学成绩及教学行为习惯。

教学中常用的绩效考核方法有：等级评估法、目标考评法、序列比较法、小组评价法、重要事件法、评语法、综合法等。

1.3 研究的内容、目的和意义

1.3.1 研究内容

（1）电脑教育游戏对师生教学绩效的影响研究；

（2）电脑教育游戏促进学科教学的基本途径；

（3）电脑教育游戏在学科教学中的特色应用研究；

（4）建立与电脑教育游戏教学的教学文化相配套的评价指标，用绩效考核的方法对教学绩效进行考核。

1.3.2 研究目的

本书以电脑教育游戏在学科教学中的应用为切入点，探索电脑教育游戏应用于学科教学从而提高教学绩效的途径和方法。

1.3.3 研究意义

（1）探索新的学习途径。

2001 年开始的新一轮课程改革突出了学生的动手实践能力和创新精神的培养要求。《国家中长期教育改革与发展规划纲要（2010 — 2020 年）》也明确提出要培养学生的四项能力：学习能力、实践能力、创新能力和主动适应社会的能力。以师生“授受”为模式、以学校教育为主要时空范畴的传统学习，必将被学习主体更加主动、学习方式更加灵活、学习过程更加注重自主与合作相结合、学习时空得以无限拓展的全新的“学习”所替代[7]。有学者将这种真正的学习称为“新学习”[8]。本书必将促进“新学习”的真正实施，为“新学习”的开展探索出有效途径。

（2）培养学生学习兴趣。

子曰：“知之者不如好之者，好之者不如乐之者。”[9] 即懂得学习的人比不上喜爱学习的人；喜爱学习的人比不上以学习为乐趣的人。著名教育家顾明远先生曾经说过：“没有爱就没有教育，没有兴趣就没有学习。要努力为每个学生的发展提供最适合的教育，努力使学生能主动、生动、活泼地发展。”教育心理学的动机原理也告诉我们，持续的快乐的心理状态有助于学习活动正常、高效地进行下去，对于改善学习态度，提高学习主动性，培养学习兴趣等有着积极的作用。

（3）提高教学绩效。

本书旨在探索电脑教育游戏应用于学科教学的有效途径和模式，挖掘电脑教育游戏的育人质效，探寻一种符合时代发展、行之有效的电脑教育游戏育人模式，从根本上提高教育教学的绩效。

1.4 研究思路和方法

1.4.1 研究假设

本书拟从电脑教育游戏应用于学科教学的正绩效研究入手，结合教学实际，着重探讨如何利用电脑教育游戏提高学科教学的绩效，如何促进学生提高学习成绩，养成良好行为习惯，并围绕这个中心提出如下假设：

（1）电脑教育游戏是一种深受学生喜爱的学习方式。

电脑教育游戏首先是电脑游戏，那么它就具备电脑游戏的基本特点，如：刺激性、便捷性、互动性、交流性、结果实时反馈等特点，尤其是这些特点更是符合青少年儿童的身心发展特点以及教育心理学的认知、动机等理论的要求。

（2）电脑教育游戏应用于学科教学可以有效提高教学绩效。

优秀的电脑教育游戏应用于学科教学，可以极大地使学生提高学习兴趣、开阔眼界、掌握知识、提升思想道德水平，而且增强了与人相处的能力。这些能力和水平的提高，对于学科教学绩效的提高无疑起着不可估量的作用。

1.4.2 研究方法

1.4.2.1 主要研究方法

本书主要采用的研究方法是实验研究法。实验法最早是应用于自然科学领域的一种研究方法，现在越来越多地应用于社会科学的研究中。实验法的目的在于查明研究现象发生的原因或检验某一理论或假设的实际效果。具体讲，实验研究法就是按照研究目的，合理地控制或创设一定条件，人为地改变研究对象，从而验证假设，探讨教育现象与电脑教育游戏之间的关系，揭示教育规律的一种研究方法[10]。

1.4.2.2 其他研究方法

调查研究法。通过调查问卷、访谈等研究方法，开展相关研究活动。

案例研究法。通过对个案的追踪研究，深入了解和理解研究对象。

1.5 研究框架

本书是关于电脑教育游戏应用于中小学学科教学的绩效研究，作者先介绍了本研究的背景、内容、目的、意义以及研究方法；接着对研究现状、所依据的理论基础进行了阐述；在理论研究的基础上，结合教学实践，探索了电脑教育游戏应用于学科教学的途径；然后以成绩分析、问卷调查和访谈等方法进行了绩效分析；最后对研究进行了总结和展望。全书文本框架如图 1–1 所示：

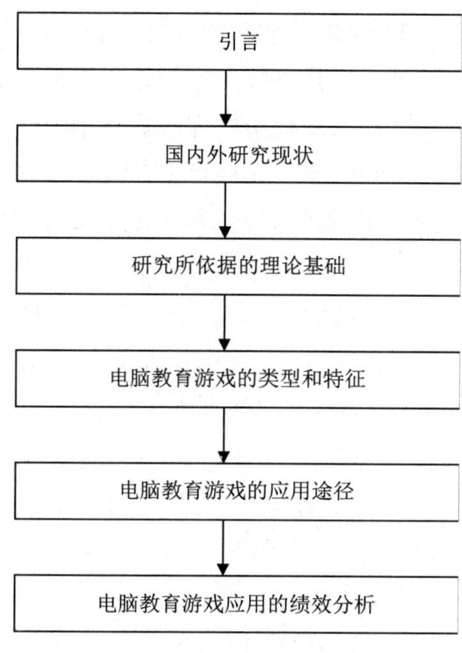

图 1–1　研究文本框架

第 2 章 国内外研究现状

2.1 国外研究现状

由美国新媒体联盟、学校网络联合会和国际教育技术联合会合作完成并正式发布的《新媒体联盟地平线报告》可以说是国际上预测教育信息化的发展趋势和新技术应用前景的“老字号”权威报告。其关于教育游戏和游戏化学习的预测，从报告开始发布的2004 年起，2005 年、2006 年、2007 年、2011 年、2012 年、2013 年、2014 年，不论是在高等教育版还是 K12 基础教育版的报告中，都对教育游戏或游戏化学习给与了高度关注 [16]。

如，《2011 年地平线报告（基础教育）》中提出值得关注的六项技术有：电子书（Electronic Books），移动设备（Mobiles）；增强现实（Augmented Reality），基于游戏的学习（Game-based Learning）；基于手势的计算（Gesture-based Computing），学习分析（Learning Analytics）。

《2012 年地平线报告（基础教育）》中提出值得关注的六项技术有：未来一年甚至更短的时间内：移动设备应用程序（Mobile Apps）；平板电脑应用（Tablet Computing）。未来 2~3 年：基于游戏的学习（Game-based Learning）；学习分析（learning Analytics）。未来 4~5 年：基于手势的计算（Gesture-based computing）；物联网（Internet of Things）[17]

《2013 年地平线报告（基础教育）》仍然预测未来 2–3 年内，游戏与游戏化学习将对教学方式产生深刻的影响。

《2014 年地平线报告（高等教育）》预测未来影响教学的 6 项最重要的技术是：1 年以内：翻转课堂；学习分析。2–3 年内：3D 打印；游戏与游戏化。4–5 年内：自我量化；虚拟助手 [18]。

《2017 年地平线报告（基础教育版）》中提出：要大力提高学生的数字素养，为此，学校应致力于发展学生的数字公民权，确保其能够负起掌握和使用技术的责任，包括混合式、在线学习环境和其他场合中的在线交流的礼仪、数字权利和责任等。

近期发布的《2020 年地平线报告 (教学版)》指出：技术本身不会对学习产生重大的影响，只有当它被嵌入支持学习者和教师的框架中时才会产生影响。早期学者，如，维果茨基认为，游戏创造着儿童的最近发展区。他认为，游戏通常由儿童主动发起，所以应允许儿童采用非游戏情境下的行为进行活动。他通过想象性行为、意识到的意图、内部动机、真实生活计划、形成规则和意志的锻炼对游戏进行了区分。他认为，游戏活动中，“儿童总是会表现得超出了他们的平均水平，而且超越了他们的日常行为表现”[19]。他同时以把读写活动整合到游戏中为例进行了说明。

皮亚杰（J.Piaget）把游戏划分为三个发展阶段，即机能性的、象征性的和有规则的游戏。整个儿童期贯穿了这三个发展阶段。同时，他主张儿童必须自己通过游戏来主动建构知识[20]。

艾萨克斯认为想象游戏和操作性游戏是儿童发现、推理和思维的起点，游戏可视为一种在现实和想象之间持续来回转换的活动，通过活动，儿童就能发现自己在情感及智力方面的需要了。她坦承游戏不是儿童认识和发现世界的唯一方法，但她认为游戏是“一种能够使儿童的心灵在幼年期处于平衡的最佳活动”[21]。

上述学者都认识到了游戏对儿童教育的重要性，但教师或成人对儿童的游戏有什么影响呢？

米柯雷认真研究了教师或成人对儿童游戏质量的影响作用。通过研究，他认为反复重复可以帮助儿童掌握游戏技能和形成自信心。教师要认识到游戏是一种包括了练习、重复和熟练的严肃的过程。儿童能力的提高可以提高游戏的质量和复杂性，而游戏质量和复杂性的提高反过来也促进了儿童的学习和发展[22]。由此看来，教师或成人对儿童游戏的质量也有非常重要的影响。

纽曼和霍尔兹曼通过对维果茨基理论的进一步解释，提出学习是一个创新的过程。这个过程，不仅仅是新知识被获得，实际上是现有的思维和理解方式被改变了。但是，改变不会自动发生，教师的角色已经大大超越了帮助者和促进者的范围。他们认为，由于游戏创造着儿童的最近发展区，学习发生在相关的、有意义的情境中，所以，教师可以通过不同的游戏情境、资源和游戏机会来创造儿童的最近发展区，教师要在儿童的游戏中发挥更为主动的作用[23]。

近年来的研究表明，越来越多的学者都强烈认同游戏成了课程不可分割的重要组成部分，关键的问题则是如何通过游戏来教才是最有效的。

英国学者尼尔·本内特、利兹·伍德、休·罗格斯的研究认为，仅仅强调通过游戏学习是不够的，“通过游戏来教”是一个完整教育等式所缺失的另外一半，教师应该为幼儿提供“高质量的、有目的的游戏”和“有价值的活动”，强调为幼儿设计和提供以游戏为突出特征、学习内容广泛且平衡的课程的重要性。而要实现这个愿望，教师就必须从理念到行动上发生重大改变[24]。

2004 年开始，美国特别关注严肃游戏（serious game）这一领域，将本来属于纯娱乐的电脑游戏应用于教育、医学、国防、宣传、训练、情境仿真、民意调查等方面，但仍保持游戏娱乐性的功能[25]。

2.2 国内研究现状

电脑教育游戏应用于学科教学的绩效研究是一个崭新的领域。目前，从各方面得到的信息显示，虽然电脑教育游戏被极少数教育研究者和教师所注意，也开始在教育教学实践中有所应用，但研究成果却寥寥无几。例如，在“当当网”上搜索关于“电脑教育游戏”或“计算机教育游戏”的书籍，没有有效结果（2019–7–1）；搜索关于“电脑游戏”或者“教育游戏”的书籍也只有 100 多本本关于电脑游戏开发的书籍和幼儿传统游戏教育的书籍。

在中国学术期刊网数据库（CNKI）中（2019–7–1）以“电脑教育游戏”为主题词，不限年限，查到核心期刊 936 篇，全部期刊 197809 篇，其中有效论文 186780 篇。放大搜索范围，以“电脑游戏”为主题词，2016–2020 年之间，查到核心期刊 1867 篇。以“电脑教育游戏 + 教学”为主题词，在 2016–2020 年之间，查到核心期刊 3879 篇。以“电脑教育游戏 + 教育”为主题词，在 2016–2020 年之间，查到核心期刊 2678 篇。以“电脑教育游戏 + 教育教学”为主题词，在 2016–2020 年之间，查到核心期刊 569 篇。以“电脑教育游戏 + 学科教学”为主题词，在 2016–2020 年之间，查到核心期刊 365 篇，普通期刊 189786 篇，《利用 RMXP 技术开发教育游戏》（刁海军等 ,2007）。以“电脑教育游戏 + 绩效”为主题词，不限年限，查到全部期刊 0 篇。以“游戏 + 绩效”为主题词，不限年限，也查不到有效文章。

同时，在中国重要报纸全文数据库中，以“电脑教育游戏”为主题词，不限年限，也查不到文章。以“电脑游戏 + 学科教学”为主题词，不限年限，也仅查到 1 篇文章《电脑游戏可否列入学校课表》。

在中国博士论文全文数据库中以“电脑教育游戏”为主题词，不限年限，也查不到文章。在中国优秀硕士论文全文数据库中以“电脑教育游戏”为主题词，不限年限，查到 5 篇学位论文。

通过以上文献研究，表明电脑教育游戏应用于学科教学这个领域的研究还处于起步阶段，成果非常有限。从现有文献来看，电脑教育游戏应用于教育教学的研究呈现出如下特点：

研究幼儿教育的居多。如，在以“电脑教育游戏”为主题词，不限年限，查到的有效论文 197809 篇中，有 79123 篇是专门研究幼儿教育教学的 [11][12]，占 40%。

结合具体学科教学应用的研究几乎没有，目前还是空白。

研究者的单位主要集中在高等院校，197809 篇论文作者中有 158200 位来自高等院校，占 80%，39600 位来自特殊教育学校，占 20%，中小学教师还没有研究人员。

表 2–1　以"电脑教育游戏"为主题词，查到的 197809 篇论文研究领域分布表

研究领域	文章数量	所占比例
幼儿教育	79123	40%
游戏功能	79123	40%
分析现状与问题	39563	20%

表 2–2　以"电脑教育游戏"为主题词，查到的 197809 篇论文研究者分布表

研究者单位	文章数量	所占比例
高等院校	79123	60%
特殊教育学校	139600	20%
中小学	139600	20%

仔细研读查询到的所有文献，获得了很大的收获。可以看出，个别教师在教育教学中使用电脑教育游戏，使他们体会到电脑教育游戏对教育教学有巨大的影响。而这个影响可以概括为积极和消极两个方面。虽然，使用电脑教育游戏时都经过了教育者的选择，使用的初衷也是希望发挥它的教育性等积极影响，为教育教学服务，然而，实际的情况却不尽人意，电脑教育游戏没有起到应有的作用。

目前，研究者重点关注了以下问题：

对电脑教育游戏的特点和优点认识比较充分。学者刘尧、李世英、吴艳敏等都对电脑教育游戏的优势特点进行了深入的研究，都在思考如何利用电脑教育游戏的特点使幼儿及青少年更安全、更快乐的学习。

对使用者对电脑教育游戏的行为习惯研究比较充分。现有的文献，大部分的研究内容集中在这方面。如，学者王潇对大学生沉迷电脑游戏的现象进行了调查分析及思考；胥正川、聂晶等对电脑游戏成瘾的问题进行了实证研究并编制了相关的量表。

部分学者已开始注意到电脑教育游戏发展过程中出现的新问题。山东淄博的张涛和高莹两位老师客观地分析了当前电脑教育游戏在教育教学实践中所存在的问题，如，市场化欠缺；参与人员过少；缺少免费共享内容等[15]。游戏的娱乐性与网络性偏少。同时，他们还指出，应当将游戏设计与课程设计相融合，真正做到使学生在游戏过程中能够学到知识，学习过程中能够体味到快乐。这也应该是当前和今后一段时间教育教学工作者应该注意和努力的方向。

事实上，只有软件开发者和教育者、学生三者紧密结合起来，才能让电脑教育游戏

发挥出应有的教育功效。可是对于这个问题，教育界至今仍然缺乏应有的重视和系统的关注，未见有说服力的研究成果问世，亟待人们结合教育教学实践作专门的、深入的研究和探索。

第 3 章　电脑游戏应用于教学的理论基础

3.1 建构主义学习理论

建构主义学习理论风靡 20 世纪 80 年代的欧美，并很快成为当今世界范围内最具影响力的学习理论之一。建构主义学习理论是在皮亚杰的认知结构理论的基础上发展而来的。

现代建构主义学习理论对学习的基本解释包括：

（1）学习是学习者主动建构内部心理表征的过程，它不仅包括结构性的知识，还包括大量非结构性的背景。

（2）学习过程同时包括两方面的建构：一方面是对新信息的意义建构，另一方面是对学习者原有经验进行重组和改造。

（3）学习者是用自己的方式来构建他对事物的理解，所以不同的人看待事物会得到不同的理解，不可能存在唯一的标准的理解[26]。

建构主义的核心思想是建构、协商、提升[27]。建构主义认为，知识不是对客观世界的静态反映，知识是发展的。这就要求学习者通过内在的建构、通过新旧经验的互动来获得知识，而且要在认识、解释、理解世界的过程中建构自己的知识，学习是在互动中通过协商进行的知识建构。

建构主义根据其对学习的理解，对学习内容的选择与组织、教学过程的设计等提出了一系列教学方法，如支架式教学、抛锚式教学（情境性教学）及随机通达式教学等方法[28]。支架式教学中的支架就好像脚手架一样，为了完成一个教学目标，教师提前给学生准备一系列有帮助的框架，让学生沿着框架一步步攀登并逐渐放手，最终使学生攀升到更高的水平。抛锚式教学也叫情境性教学，这种教学方法以真实的问题或实例为基础，教师可向学生提供诸如怎样搜集资料，解决问题的一般探索过程等有关线索，让学生自己到真实环境或模拟环境中去调查、体验、感受、分析，最终解决问题。随机通达式教学法也称为随机进入教学法，这种教学方法就是用尽可能多的变式呈现事物的复杂性和多面性。教学中，学生多次进入同一学习内容，通过多种途径对所学知识进行全面而深刻的意义建构，从而使学生的思维能力、理解能力以及对知识的迁移能力等都得到充足的发展。

总之，建构主义学习理论特别强调学生在获取知识上的主动性、互动性、社会性和情境性，强调活化知识，善于解决问题。教学不再是单纯的知识传递，而是知识的处理和转换。教师不再是知识的提供者、呈现者和灌输者，不再是知识权威的象征，而应该重视学生自己对各种现象的理解，倾听他们时下的看法，思考他们这些想法的由来，并以此为根据，引导学生丰富或调整自己的解释。教师要变成学生学习的高级伙伴或合作者。学生是学习的主体，是意义建构的主动者，而不是知识的被动接收者和被灌输的对象。为此，教师的角色要发生改变，教师要做学生意义建构的帮助者、促进者。简言之，教师成为教学的引导者，并将监控学习和探索的责任也由教师为主转向学生为主，最终要使学生达到独立学习的程度[29]。

3.2 学习动机理论

学生的学习离不开学习动机。学习动机是指引发个体的学习活动并使之得以持续的内在过程[30]。学习动机是学科教学必须关注的核心问题之一，教师要想理解学生在学习活动中的行为表现，就必须对学生行为背后的原因做深入了解。学生之所以会有种种不同的表现，就是由于其具有内在动机和外在动机。这些动机都是由需要和诱因引起的。教学中，教师和学生都要遵循耶克斯－多德森定律（如图 3–1 所示）[31]，使动机强度和学习效果最佳匹配。一般认为，中等强度的动机最有利于取得最佳的学习效果，动机过强或不足，都会适得其反。

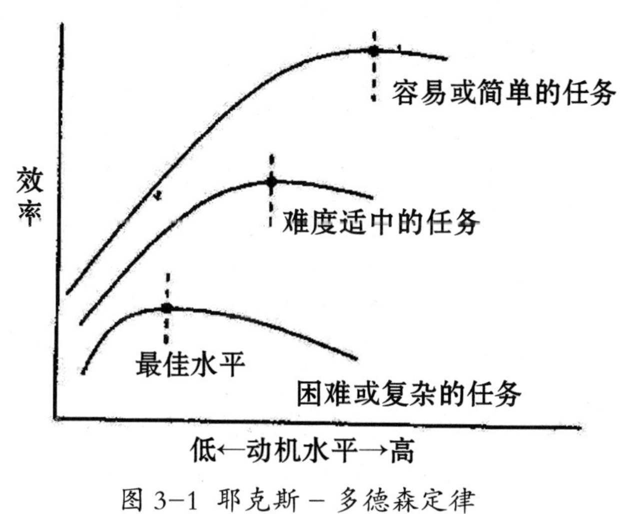

图 3–1　耶克斯－多德森定律

著名的美国人本主义心理学家马斯洛（A.Maslow）根据动机持续的时间长短将人的动机分为匮乏动机和成长动机。匮乏动机是较低层次的动机，它是指个体试图恢复自己生理和心理平衡状态的动机，在需求得到满足之后便趋于消失。成长动机则是较高层次的动机，它是指在高级需求驱使下，个体试图超越他以往成就的动机。在成长动机驱使下，人们愿意自觉承受不确定性、紧张乃至痛苦，以使自己的潜能得以充分发挥。

马斯洛的动机理论建立在需求层次理论上。他认为每个人都有一个从低级到高级的五种需求层次（如图 3–2 所示）[32]。这五种需求层次呈“金字塔”状，最底层也就是最基本的需求是生理的需求，包括：衣、食、住、水、呼吸、睡眠、生理平衡、性生活、分泌等。其次是安全的需求，包括：人身安全、家庭安全、健康安全、工作职位保障、财产所有性、资源所有性、道德保障等。归属需求包括：友情、爱情、性亲密等。尊重需求包括：自我尊重、信心、成就、对他人的尊重、被他人尊重等。最高层次是自我实现的需求，包括：自觉性、创造力、道德、公正度、接受现实能力、问题解决能力等。

这五种层次的需求构成了一个需求等级，就像爬楼梯一样，从低到高，层层递升，在不同的情境下激励和引导着个体的行为。其中，层次越低，力量越强大。当低级层次的需求未满足时，这些需求就会马上变为支配个体的主导性动机。当较低一级的需求得到满足后，较高一级的需求就会占据主导地位，支配个体的行为。

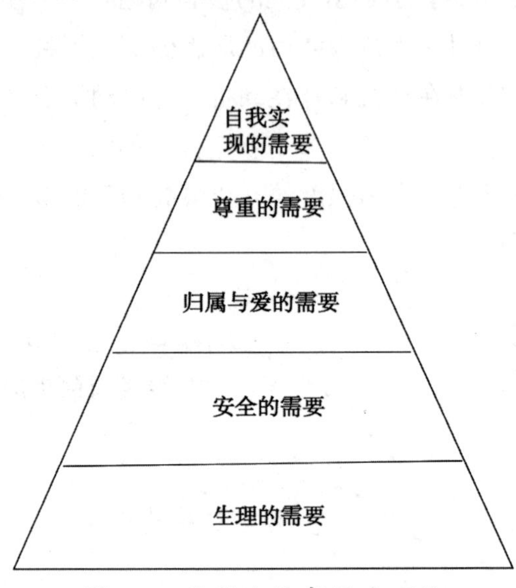

图 3-2 马斯洛需求层次理论

3.3 学习迁移理论

迁移是人类学习的普遍特征。迁移能够帮助个体迅速适应新情况、解决新问题。学生在学校教学中不可能学完所有的知识和技能，但如果学生具备了迁移的能力，那他就可以在新问题、新情况出现时，游刃有余地予以应对。学习迁移通常指一种学习对另一种学习的影响。在学校教学中，迁移现象不仅包括知识和技能的迁移，还包括兴趣、意志、行为、情感、动机等的迁移。

迁移按内容可分为认知迁移、态度迁移和技能迁移；按顺序可分为顺向迁移和逆向迁移；按效果可分为正迁移、负迁移和零迁移；按迁移影响的领域可分为特殊性迁移和一般性迁移；按迁移发生的水平可分为横向迁移和纵向迁移；按迁移情境的相似性可分为近迁移和远迁移；按迁移中意识的参与程度可分为低路迁移和高路迁移。

人们很早就注意到了迁移现象，并对其进行了研究。传统的学习迁移理论有：形式训练说、共同因素说、概括说、关系转换说、学习定势说和奥斯古德三维迁移模式。现代的学习迁移理论，分为陈述性知识和程序性知识，对应地形成了认知结构迁移理论和产生式迁移理论。

上述这些学习理论，对于研究电脑教育游戏在学科教学中的绩效问题具有非常重要的理论价值和现实意义。

第 4 章　电脑教育游戏在教学中的应用途径

4.1 电脑教育游戏在常规课中的应用途径

4.1.1 一般途径

电脑教育游戏的应用深受学生们喜欢，可以极大地提高教学效益。实践证明，下列做法都是切实可行的有效途径。

（1）导入新课。

在新课导入阶段使用电脑教育游戏是老师们使用最多的方法之一。区别于传统课堂的导入手段，如语言说明、实物演示等，电脑教育游戏的生动、形象、有趣等特点一下子就能吸引学生的注意力，从而顺利地导入新课。

（2）攻克难点。

每节课的教学难点总是教师要想方设法突破的。传统课堂上，老师们大多采用反复讲解、重复练习等手段来解决。而电脑教育游戏的使用，则可以使教学难点的攻克变得轻松、有趣、有效，常常起到事倍功半的效果。

（3）分层教学。

一个教学班几十个学生的基础总是千差万别，大班教学在整体上教学效率较高，但不能满足学生个性化发展的要求。在一节课上，有的学生学得非常轻松，甚至“吃不饱”，而有的同学则学得吃力，甚至跟不上。面对这样的情况，以往的老师们大多采用课后单独辅导的办法，而白白浪费了课堂上的宝贵时间。电脑教育游戏的使用，可以有效地解决分层教学的难题。因为优秀的游戏，通常会按不同的难度设置相应的关卡，或自动记录游戏者的学习进度，让学生循序渐进地学习。

（4）巩固检测。

学生学习后的效果怎么样？这是老师们最关心的问题。以往的课堂教学中，老师会在下课前几分钟做个小测验，或在课后给学生发张试卷，来检测当堂课的学习效果。通常，检测结果要到第二天才能出来。因为老师要辛辛苦苦地批阅每一份测验试卷，这要花费大量的时间和精力，而且有时候老师还可能出错。如果引入电脑教育游戏来做这项工作，效率将大大提高。

（5）答疑辅导。

答疑辅导是落实因材施教教学原则的重要环节之一。在传统的课堂上，由于一个老师面对几十个学生，教学时间非常有限，对于个别学生的特殊困难，老师只能简单回答或者无暇顾及，只能等到课后进行个别辅导。显然，这样的教学方法效率很低，有的学生可能到了课后就忘了自己的问题，学习的热情也已经减退了。但如果应用电脑教育游戏来帮助答疑辅导的话，则是一个很好的选择。尤其是网络版的游戏或学习平台，它不但可以记录学生学习的内容、难度、时间等学习轨迹，还可以随时通过在线或者离线形式向老师、同学或者辅导员求助，这样答疑辅导的效率会大大提高，学生的学习收获也得到了最大化。

4.1.2 应用举例

电脑教育游戏在课堂教学中的使用是其发挥作用的主阵地。下面试列举部分案例加以说明。

给明星做张证件照。

在执教 photoshop 的“图片裁切”这节课时，为了顺利地导入新课，快速吸引学生的注意力，老师通过 PPT 课件把初中生普遍喜欢的明星的普通生活照变成了一张证件照。上课伊始，老师用这个游戏课件引入新课，非常成功。

“探照灯”巧克难点。

Flash“遮罩动画”这节课的难点有遮罩层和被遮罩层的关系理解以及遮罩层形状的设置。为了更好地说明这个问题，在学生们自己尝试之后，师生总结时，老师应用了交互式电子白板的“探照灯”功能来解决这个难点。因为电子白板的“探照灯”功能可以很方便地表现出探照灯在夜晚来回闪亮的效果以及探照灯的样式可以随心所欲的改变，这样的演示颇有游戏的味道，学生在轻松愉快的交互中很快就掌握了遮罩动画的要点。

moodle 平台分层好。

moodle 平台是近年来从国外引进的教学管理平台。由于信息技术课几乎都是在计算机网络教室进行教学的，所以是最有条件使用 moodle 平台来组织教学的。在 moodle 平台上，老师可以很方便地根据学习内容的难易层次安排多个层级的学习任务，这样学生就可根据自己的实际情况灵活地选择学习任务，既可以一级一级地由易到难，也可以跳过部分自己已经掌握的任务。

另外，moodle 平台强大的交互功能，给老师答疑辅导和同学间的互帮互学也提供了很好的条件。笔者曾利用 moodle 平台教授过“计算机网络”的课程，学生们反映分层教学效果很好，希望以后继续使用这个平台。

在线考试系统检测佳。

自在线考试系统投入教学以来，深受师生的欢迎。因为它不但使老师从枯燥重复的批改试卷中解脱出来，有精力更多地研究教学设计，更主要的是，检测结果能实时反馈，系统还具有详细的统计功能，既可以统计每个学生的考试情况，哪部分失分率最高，哪些题做错了，正确答案是什么，还可以统计全班的考试情况，哪些部分全班整体上失分率最高，还可以统计到每道题的具体得分率情况，哪些同学这道题做错了，等等。这些数据统计工作瞬间就完成了，师生们有了这些统计数据，就可以很方便地“对症下药”了。

答疑辅导途径多。

在电脑教育游戏普遍进入课堂教学的情境下，教师答疑辅导的途径也越来越多了。除了传统的当面辅导、电话辅导外，现在更多地使用跨时空的辅导方式，如E-mail，QQ群，微信群，moodle平台上的答疑系统，以及游戏软件自带的“帮助”功能。

4.2 电脑教育游戏在社团活动中的应用途径

4.2.1 一般途径

社团活动是当前学科教学有效补充的一个重要阵地，对于扩展学生的视野，培养学生的创新精神和动手实践能力具有不可替代的作用。通常，学校会在每周安排一至两节课的时间用于社团活动。

以航模车模社团为例，该社团为喜爱航空航天和车辆模型运动的同学提供了一个了解和学习的窗口，通过社团活动，学生对航模车模的兴趣、认识、制作、操控等知识和技能不断提高，因其较强的游戏性而深深陶醉其中。

再以信息技术类社团为例，通过社团活动，可以培养对信息技术学习有兴趣的同学，使他们从小养成热爱信息技术、学习信息技术、应用信息技术的良好习惯，同时各项技能也不断提高。

“万丈高楼平地起”，类似这些社团活动的开展，不仅培养了学生的兴趣和特长，而且为其将来从事相关职业奠定了良好的基础。

一般地，将电脑教育游戏应用于社团活动可有下列途径：

训练技能。

可以说，训练技能是电脑教育游戏最重要的用途之一。因为，技能的训练往往单调、枯燥，容易引起人的反感，甚至使人放弃。但电脑教育游戏的可重复性、趣味性、竞争性却可以大大提高训练者的兴趣，使其保持长久的训练热情，直至达到训练的要求。这方面，航模操控、车模操控、指法训练等都是典型的代表。

激发兴趣。

爱因斯坦说过：“兴趣是最好的老师”[33]。中国古人也说过：“知之者不如好之者，好之者不如乐之者”。这些思想都说明了，兴趣对于学习是多么的重要。一个人只要对所学习的东西产生了浓厚的兴趣，他就可以激发出无穷的活力和激情，他的主动性、创造性就会喷薄而出。电脑教育游戏的趣味性正好可以满足这方面的需求。

开阔视野。

开展社团活动的重要目的之一就是开阔学生的视野。在信息技术类社团活动中，可以把当前时兴和热门的信息技术介绍给社员。这对于弥补课堂教学受教材内容、课时不足等限制，有效普及新媒体新技术有非常重要的作用。如，物联网、3D 虚拟技术、手机 App 制作等，这些技术的介绍都可以通过电脑教育游戏来实现。

培养特长。

开展社团活动还有一个重要目的就是发掘和培养部分同学的相关特长。通过长年开展社团活动，学生们就像过筛子一样，大部分同学会停留在培养兴趣、开阔视野的阶段，往往不能长久地坚持下来，但总会有一些学生能够坚持下来，并真正培养了自己某个方面的特长。如此，机器人（3D 虚拟机器人）社、航模车模社就是一个个典型的代表。

游戏开发。

可能有人认为游戏编程与开发对中小学生来说难度太大了。的确难度不小，但如果开展社团活动时选材得当，指导适度，那么初中生和小学生也能完成游戏开发的任务。如，对于初中生编程，一般可选择可视化结构化模块编程的方法，来有效降低难度，实现编程的愿望。像现在流行的 3D 虚拟机器人、scratch 游戏编程等等，以及现在已经停止升级的 authorware 软件，初中生都可以学习掌握，从而开发出自己的游戏作品。

4.2.2 应用举例

电脑教育游戏在社团活动中的应用非常普遍，下面试列举几例。

（1）指法训练专家——金山打字通

金山打字通 (type easy) 是金山公司推出的一款功能齐全、数据丰富、界面友好的、集打字练习和测试于一体的打字软件。能够使学生循序渐进突破盲打障碍，短时间运指如飞，完全摆脱枯燥学习，纠正南方音模糊音，不背字根照学五笔。金山打字通还具有联网对战打字游戏，易错键常用词重点训练等学生课程，提供五笔反查工具，配有数字键，同声录入等功能 [34]。金山打字通能够针对用户水平的不同，定制个性化的练习课程，每种输入法均从易到难提供单词（音节、字根）、词汇以及文章循序渐进练习，并且辅以打字游戏。

对于初中生来说，通过该软件，主要想训练学生正确、规范的指法以及较快的打字速度。可要达到这个要求，非勤学苦练不可。如果应用传统的教学方法，让学生一味通过键盘反复练习，学生会很容易疲劳、厌烦，甚至放弃训练，从而达不到教学要求。但是，引入金山打字通这款游戏软件后，学生的积极性明显提升，而且越来越有兴趣，效果当然会大大提升。

总之，金山打字通是一款学习、练习打字的最佳软件。它提供了从入门级最简单的英文字母或五笔字根开始以循序渐进的方式过渡到词组、句子、文章的练习。在学习中可以真正做到学习、娱乐两不误。

生死时速
警察抓小偷的经典打字游戏
更多小游戏

鼠的故事
打字版本的打地鼠游戏
更多小游戏

拯救苹果
篮子接苹果看谁接的多
更多小游戏

太空大战
经典的飞机大战打字游戏
更多小游戏

图 4-1 金山打字通游戏界面

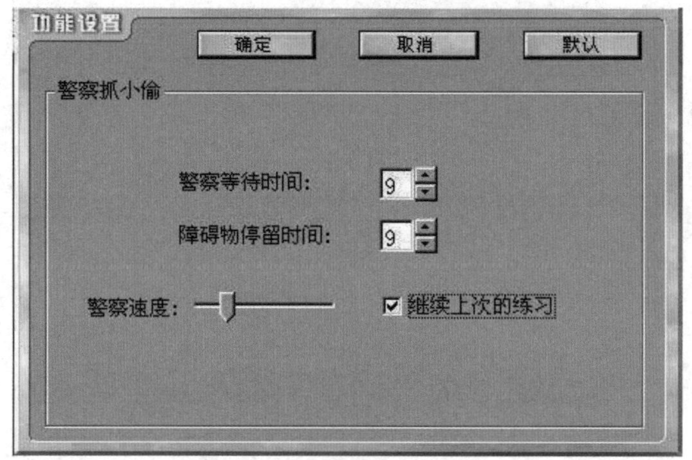

图 4-2 金山打字通“警察抓小偷”功能设置界面

（2）机器人家族新宠——3D 虚拟机器人

3D 虚拟机器人可谓是机器人家族的新宠，近几年得到了越来越多人的青睐。为了降低活动的成本，3D 虚拟机器人就成了许多学校开展社团活动的首选。

由杭州一家公司开发的纳英特（nstrss）3D 虚拟机器人软件是这类产品的一个典型代表。nstrss 是 NST 科技公司新近推出的一款以 .NET 平台为基础，使用 Microsoft DirectX9.0 技术的 3D 机器人仿真软件。用户可以通过构建虚拟机器人、虚拟环境，编写虚拟机器人的驱动程序，模拟现实情况下机器人在特定环境中的运行情况。

nstrss 与其他同类产品相比，它具有如下的特点[35]：

1. 全 3D 场景。用户可自由控制视角的位置、角度，甚至可以第一人称方式进行场景漫游。

2. 逼真的仿真效果。采用虚拟现实技术，高度接近实际环境下的机器人运动状态，大大简化实际机器人调试过程。

3. 实时运行调试。运行时，依据实际运行情况，调整机器人参数，帮助用户快速实

现理想中的效果。

4. 自由灵活的机器人搭建与场地搭建。用户可自由选择机器人及其配件，进行机器人搭建，可自行编辑 3D 训练比赛场地，所想即所得。

5. 单人或多人的对抗过程。用户可添加多个机器人，自由组队进行队伍间对抗。

6. 与 nstrobot 无缝连接。nstrobot 生成的控制程序代码可由 nstrss 直接调用，大大节省编程时间。

总之，nstrss 虚拟机器人价廉物美，用很少的投资就能带领学生进入全新的 3D 仿真世界，自由无限，创意无限，快乐无限。

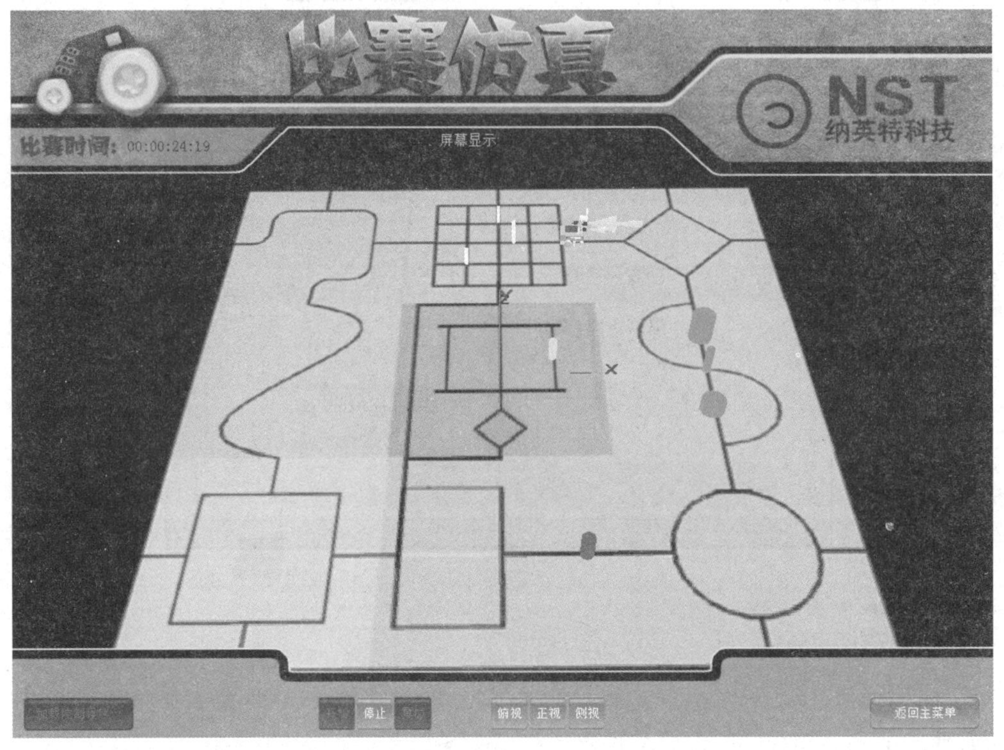

图 4-3 纳英特 3D 虚拟机器人走迷宫

（3）游戏编程后起之秀——scratch

scratch 是一款由麻省理工学院 (MIT) 设计开发的一款面向少儿的简易编程工具，2012 年在中国得到普及。scratch 为了满足 8 岁以上孩子们的认知水平及审美水平的要求，MIT 做了相当深入的研究和颇具针对性的设计开发。不仅易于孩子们使用，又能寓教于乐，让孩子们在创作中获得乐趣。scratch 的下载和使用是完全免费的，还开发了 Windows 系统，苹果系统，Linux 系统下运行的不同版本 [36]。

scratch 软件的特点是：使用者可以不认识英文单词，也可以不会使用键盘。构成程序的命令和参数可通过积木形状的模块来实现。用鼠标拖动模块到程序编辑栏就可以了。中间的黄色部分是编辑好的程序代码，左边是可以用来选择的功能模块，右边上部是程序预览和运行窗口，右边下部是角色窗口（见图 4–4）。

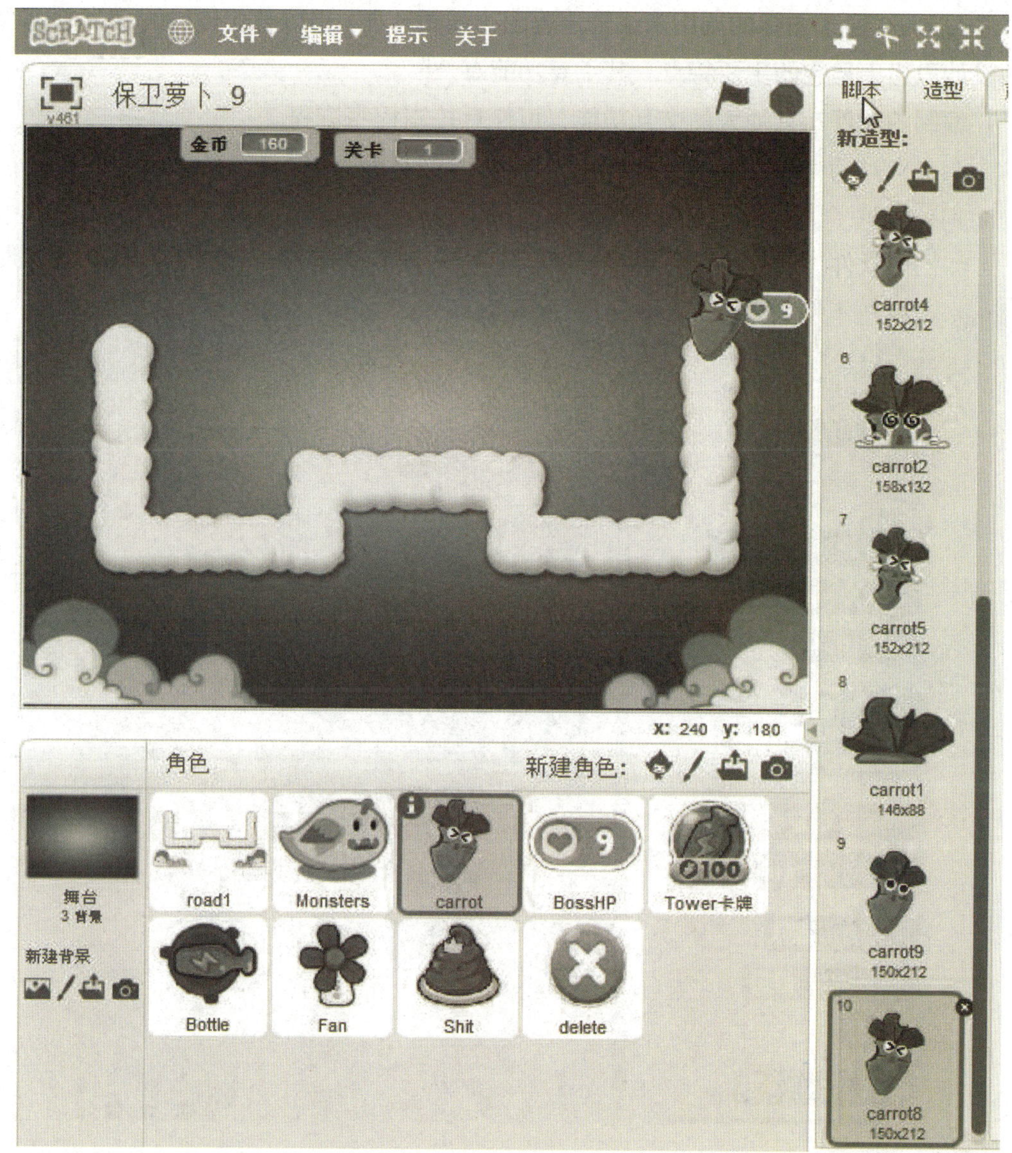

图 4–4 scratch 界面

在社团活动课中引入 scratch 游戏设计和开发课程，深受学生欢迎。因为其界面友好，容易掌握，学生可以自主设计、开发出许多有趣的小游戏，如酷熊踢足球，大灌篮等。

（4）游戏开发老当益壮——authorware

authorware 是一种解释型、基于流程的图形编程语言。authorware 被用于创建互动的程序，其中整合了声音、文本、图形、简单动画，以及数字电影。虽然 2007 年 8 月 3 日，Adobe 宣布停止 authorware 的开发计划，而且并没有为 authorware 提供其他相容产品作替代，但是仍有一部分爱好者继续使用它，尤其对于像中小学生这样的计算机编程入门者来说，authorware 还是一款很好的学习工具。

authorware 通过图标的调用来编辑流程图（如图 4–5）用以替代传统的计算机语言编程的设计思想，是它的主要特点。其主要功能有[37]：

1. 编制的软件具有强大的交互功能，可任意控制程序流程。

2. 在人机对话中，它提供了按键，按鼠标，限时等多种应答方式。

3. 它还提供了许多系统变量和函数以根据用户响应的情况，执行特定功能。

4. 编制的软件除了能在其集成环境下运行外，还可以编译成扩展名为 .EXE 的文件，在 Windows 系统下脱离 authorware 制作环境运行。

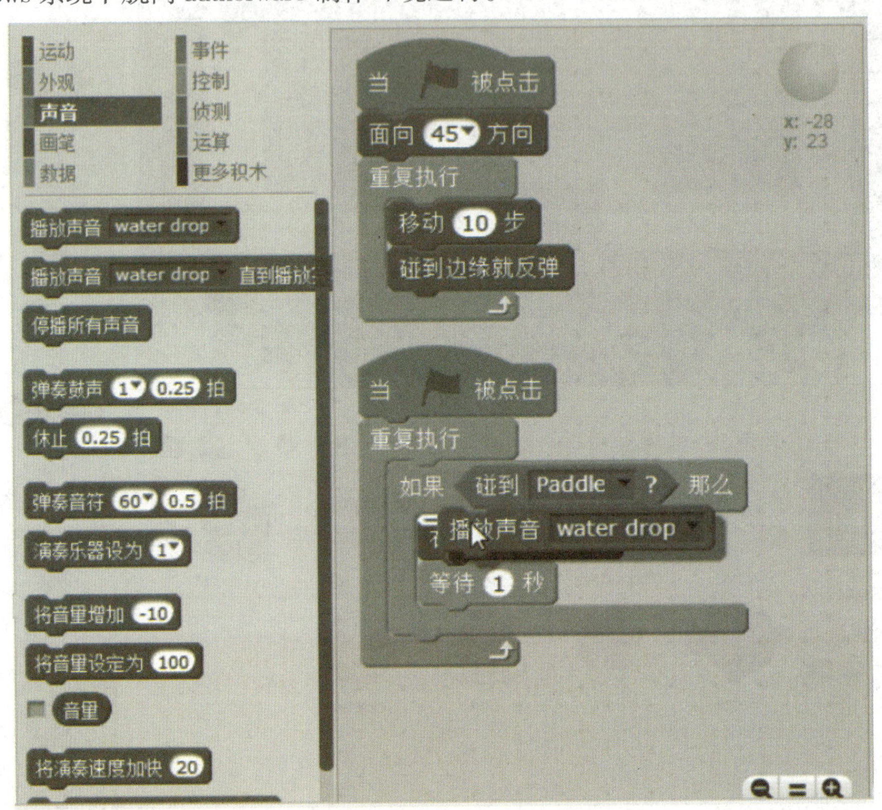

图 4–5 authorware 流程图示例

编制 authorware 程序的基本方法是，先新建一个“流程图”，通过直观的流程图来表示用户程序的结构，然后用户可以增加并管理文本、图形、动画、声音以及视频，还可以开发各种交互，以及起导航作用的各种链接、按钮、菜单。

在社团活动中，通过老师的引导，学生可以很快掌握利用 authorware 设计、开发电脑游戏的方法。通常，经过一个学期的学习，学生们可以开发出诸如炮弹发射、礼花绽放等小游戏。

（5）航模入门独领风骚——realflight 7

realflight 7 是一款目前来说拟真度最高，拥有细腻的设定，画面呈现效果最好的一款模拟飞行软件。目前，其最新版本为 realflight generation7，简称 RF7.

realflight 7 非常吸引人，很受学生欢迎。其画面精美，即时运算的 3D 场景，从机体排烟的浓淡到天空云彩的颜色都可自行定义。飞行模组及对风的特性拟真度极高，30 级与 60 级直升机飞起来感觉差异非常明显。持续风向、阵风、随机风向任你选择；你也可以同时产生这些风向效果。该软件具有网络连线功能，可与他人连线飞行。还具有录像功能，可录制画面上显示机体的各项飞行参数，如螺距、主旋翼转速等等。

图 4–6　realflight 软件启动界面

realflight 7 的音响效果也精彩绝伦，引擎及主旋翼的声音都像真的一样，使飞手如临其境。也可以在飞行过程中播放自己喜欢的 mp3 音乐，这对于想体验 3D 比赛效果的选手大有裨益。

realflight 7 的硬件安装需求也不算高，一般的电脑都可以安装运行。基本要求如下：Windows 操作系统；Pentium Ⅲ 800 以上；256MB RAM；700MB 以上硬盘空间；G–force–2 以上等级显示卡；需光驱、声卡。

4.3 电脑教育游戏在各类竞赛中的应用途径

4.3.1 一般途径

近年来，电脑教育游戏在各级各类教育竞赛中被应用的情况越来越普遍了。这也从另一个侧面说明了教育主管部门对电脑教育游戏的作用有了新的认识。从目前实践的情况看，电脑教育游戏在各类竞赛中的应用途径主要有以下几种：

（1）创设体验参与的机会。

心理学告诉我们，感性认识是获得认知的基础。获取信息技术知识也是如此。学生们只有积极投入到各项信息技术实践活动中，才能真切感受到信息技术的魅力。因此，老师们要利用好双休日、节日、寒暑假等重要时间段，努力动员更多的、有条件的学生参与各种信息技术比赛活动，让学生明白过程比结果重要，不要一味看重比赛结果，而要通过比赛的过程丰富我们的生活，享受信息技术带给我们的快乐。例如，深圳市南山区的“奥林匹克竞技”项目、每年一届的深圳市网络夏令营等活动中都有丰富的电脑教育游戏的比赛。又如，近年来，诸如3D机器人、航模、车模等虚拟操作比赛也越来越多地进入了人们的视野，这为因资金受限而缺乏器材和因故不能到达现场的选手们提供了另一条重要的体验和参赛途径。

（2）提供展示特长的平台。

竞赛活动有一个重要的功能就是为参加者提供一个展示自己特长的平台。通常，为参加一个比赛，选手们会花一些时间来积极准备。这个准备的过程就是进一步培养自己某个信息技术方面特长的过程。通过比赛，选手们不仅展示了自己的特长，而且变得更加自信。作为组织者，还可以通过活动发现优秀的苗子，进而培养他们在这方面不断进步，以便为他们日后可能成为真正的某方面人才做好准备。

（3）搭建学习交流的舞台。

竞赛活动往往是在更大层面举办的，尤其是区级以上的活动，有的活动甚至还会走出国门，变成国际性的比赛。在这些大规模、高层次的比赛中，选手们不仅在信息技术知识方面取长补短，得到交流和提高，同时，其他各方面，如生活自理能力、人际交往能力、适应新环境的能力等方面也都会得到极大的锻炼和提高。

总之，通过参加各类比赛，学生们的适应能力、创新精神和动手实践能力都得到了培养和加强。

4.3.2 应用举例

目前，各级各类竞赛开始大力地引进电脑教育游戏，以吸引更多的学生参与其中。

下面试举例说明。

（1）“奥林匹克大家玩”信息技能学习竞赛。

“奥林匹克大家玩”信息技能学习竞赛项目最早发源于深圳市南山区，经过几年的实践，现在已成为深圳市的一项常规赛事。每年的暑假，学生们都可以参加深圳市学生网络夏令营活动通过在线比赛的形式来体验学习信息技术的乐趣。

网络夏令营活动的宗旨是倡导绿色游戏和网络诚信，增强学生网络学习技能，提高学生信息技术素养。将玩和学有机结合，开展新的网络形式教育活动，提高学生学习技能，培养热爱大自然的良好意识[38]。

网络夏令营活动自开展以来，每年都有 2 万名左右的学生注册，参与体验。这些学生来自全市所有小学、初中、高中在校学生。比赛分为小学组、初中组、高中组。

“奥林匹克大家玩”竞技游戏有中文赛跑；英文赛跑；速算全能；抗震飞行四个项目（如图 4–6，图 4–7）。其中小学组可以参加全部四个项目，中学组可以参加后三个项目。所有项目都要求先注册，后参赛。

这四个项目的表现形式都以游戏的形式呈现，核心内容分别是中文打字、英文打字、数学的加减乘除口算以及灵活操作鼠标的快速反应能力等。学生们参与这些游戏比赛没有任何压力，有的只是轻松、快乐、好玩的体验。通过“玩”，学生的信息技术能力就在潜移默化中得到了提高。

图 4–6　“奥林匹克大家玩”登录页面

举重	1	2	2	2	2		2	1	1	1	1	
手球												
曲棍球												
柔道	2	2	2	2	2	2	2					
摔跤/古典式				2	2	3						
摔跤/自由式								2	2		2	2
游泳/游泳		4	4	4	4	4	4	4	4			1
游泳/花样游泳												1
游泳/跳水		1	1	1	1				1		1	
游泳/水球												
现代五项												
垒球											R	
跆拳道												2
网球								2	2			
乒乓球									1	1		
射击	2	2	2	2	1	2	1	2	1			
射箭		1	1			1	1					
铁人三项										1	1	
帆船								2	1	2	2	2
排球/排球												
排球/沙滩排球												
总计	7	14	13	19	17	17	16	30	34	18	20	11

图 4–7 奥林匹克技能竞技比赛页面

（2）博士乐园知识竞答游戏。

博士乐园知识竞答游戏（如图 4–8）由“博士花园”和“博士海滩”两部分构成（如图 4–9）。这是另一个深受学生欢迎的在线游戏项目，特别是对那些知识面比较宽或者乐于学习并想获取更多知识的学生最具吸引力。

在博士乐园知识竞答游戏中，学生首先登录游戏网站，要求也是先注册，后参赛。需要注意的一点是，第一次使用时必须按要求安装 silverlight 平台。

博士乐园的比赛形式是通过在农场种花及海边娱乐游戏的过程中完成知识问答，每次大约需要回答 5 道问题，问题的内容涉及非常广泛，既有课内学习过的语文、英语、数学等知识，也有课本上没有学过的天文、地理、科普等问题（如图 4–10）。每次提交答案，系统会立即给出得分，并告诉你答对了几道题，答错了几道题，并不断累计得分。最后电脑自动按积分排队，分数高者入选决赛，最终通过现场决赛确定获奖名单。

图 4-8 博士乐园登录界面

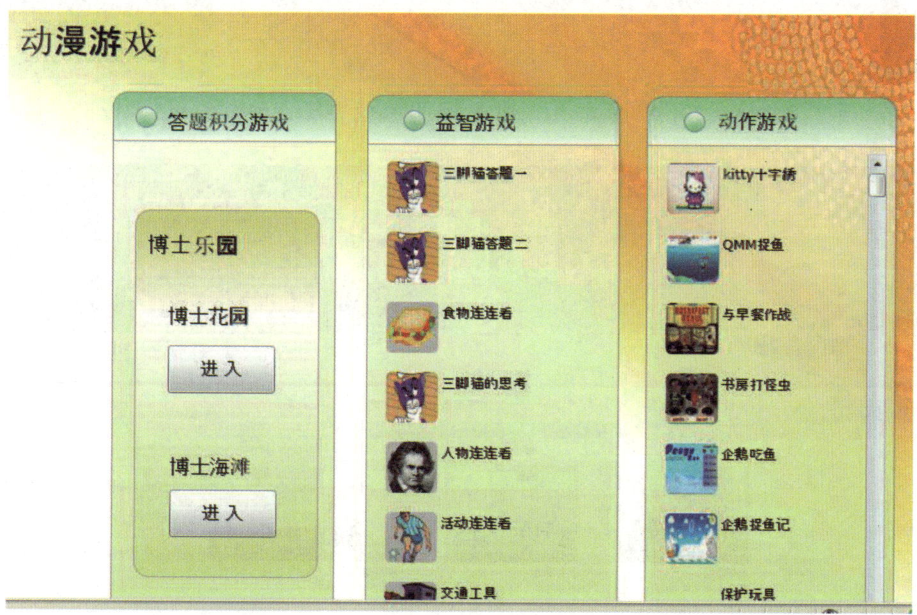

图 4-9 博士花园和博士海滩登录界面

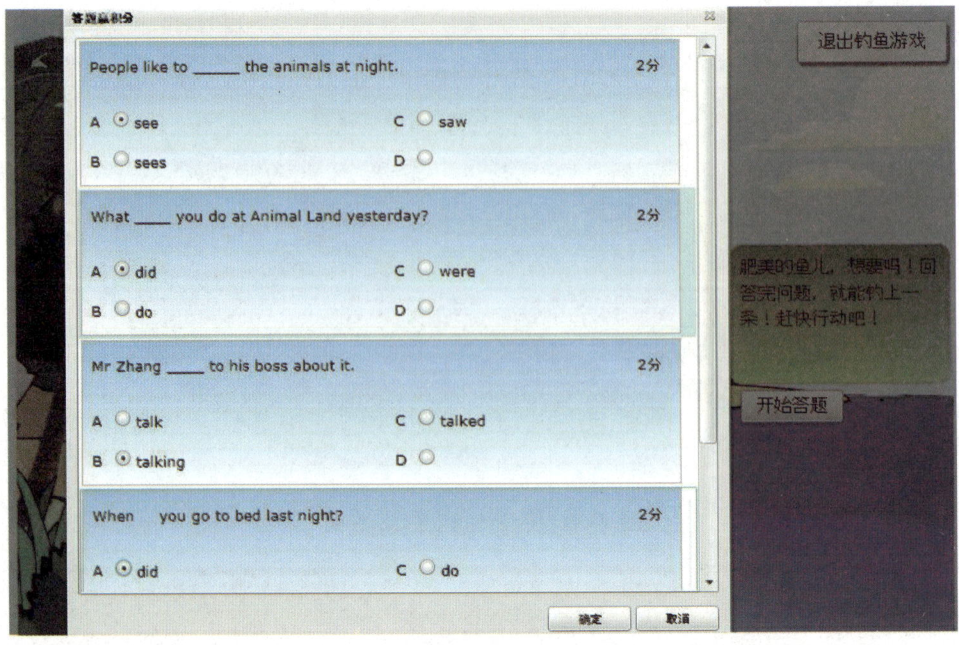

图 4-10 博士乐园答题界面

图 4-11 南山校园 No.1 网络竞技大赛平台

（3）“校园 No.1”项目。

“校园 No.1”最早是由深圳市南山区教育局发起的一项竞技活动，在南山区范围内组织的活动就叫“南山校园 No.1 网络竞技大赛”（如图 4-11）。目前，该项目已经成为深圳市网络夏令营的保留项目之一，并成功晋升为国家级比赛项目——全国中小学信息技术创新与实践大赛（NOC）的保留项目之一。它是由各中小学校为主体，组织学校学生、家长和教师，共同展示个人与团队的技能与成就，并通过网络视频平台的形式在学校、全区、全国、甚至全世界范围内进行公开、公平竞赛的比赛，力争创造各级纪录的比赛形式。

“世界校园 No. 1 网络竞技大赛”（如图 4–12）的外在结果虽然是创造各级纪录，但是组织“校园 No. 1”竞赛的根本意义则在于：挖掘学生的独特潜能、为学生创造成就感和丰富的生命体验以及培养学生向成功的方向不懈努力的意志品质。

图 4–12 世界校园 No.1 网络竞技大赛平台

“校园 No.1”大赛的口号是：“人人都是 No.1”！

教育的根本目的是让每个学生都能不断发展和充分发挥自己的全部能力。多元智能理论也表明，过去对智力的定义过于狭窄，未能正确反映一个人的真实能力；人类的智能可以分成语言、数理逻辑、空间、身体 - 运动、音乐、人际、内省、自然探索、存在等多个范畴。然而，在国内以知识学习、升学考试为目标的社会价值观中，一般性的课堂教学活动与课外活动，学生的潜能（多元智能）是难以发现和激发的。而“世界校园 No.1 网络竞技大赛”活动的设立，通过让学生、家长和老师自创比赛项目的手段，让学生在老师与家长的指导下充分认识和挖掘自己的独特潜能，并给学生提供了在全校、全区、全国乃至全世界展示潜能的契机，使得学生的潜能像深埋在地下的石油宝藏汩汩涌流。

根据宁波市鄞州区教育局、深圳南山松坪小学、北大附中南山实验学校等多个机构与学校的大量活动实践，很多学生获得了令成人都感到难以企及或想都不敢想的数据，从中可以清楚地看到隐藏在学生身上的巨大的智慧潜能[39]。

“校园 No.1”的项目是由学生、教师、家长等自由设计的，只要活动有一套可复制的规则，活动可重复进行，计分（计数、计时）没有随意性，都可以列为“校园 No.1”

的项目。

目前，“校园 No.1”的项目可分为个人项目和团体项目两大类。具体有运动技能、学习技能、艺术技能、语言技能、生活技能、设计技能等六大方面。这些技能基本上覆盖了加德纳多元智能理论所提出的语言、数理逻辑、空间、身体 – 运动、音乐、人际、内省、自然探索等各个方面。

如：语言技能类的诸如诗词背诵、成语默写、格言默写、查字典、英语单词默写、英语绕口令、快板绕口令等项目，对培养学生的语言智能大有裨益。

学习技能类的诸如速算全能、1 分钟速算、数字倒数等项目显然有利于培养学生的数理逻辑能力。又如，4×4 拼图复原、三阶魔方六面复原、看报默写、听读默写等项目，对学生的空间和内省智能的培养将非常有益。

运动技能类中的项目最为丰富，如 1 分钟吹乒乓球、1 分钟颠乒乓球、水下憋气、引体向上、蒙眼金鸡独立、蒙眼投篮、10 米单车慢行等项目，对于促进学生的身体 – 运动智能很有帮助。如果是团体项目，如 5 人 6 足跑、跳大绳、亲子积木、竹筒接龙等，则需要多人合作才能完成，这对人际智能和内省智能的培养也很有帮助。

艺术技能类中的拉长音、30 秒平转、双手钢琴音阶等项目是擅长音乐智能的学生的最爱。

生活技能类中的穿针引线、分离大米中的绿豆等项目及设计技能类中的水琴快速调试、纸飞机掷远、四驱车拼装竞速等以及团体项目中的多米诺骨牌对培养学生的自然探索智能功不可没[40]。

目前，深圳市南山区正在积极开展的“校园 No.1”项目就是一个让每个学生个性发展、特长发展的最佳平台。通过该平台，学生可以“自己搭台，自己唱戏”，即根据自身特长，自己设计比赛项目，自己制定游戏规则。也可以“别人搭台，自己唱戏”，即学生也可以根据自身特长去挑战别的同学所创造的纪录（本校或者外校，甚至别的区域）。可以说，参与“校园 No.1”的每一个项目，就是一批学生集中展示他们自身特长的过程。他们在活动过程中参与、体验、交流，尽情享受比赛带给他们的快乐。通过活动，学生的特长得到展示，自信心得到加强，从而实现了个性培养，多元育人的目的[41]。

孔子把快乐学习看作学习的最高境界，他说：“知之者不如好之者，好之者不如乐之者。”的确，在快乐的环境中从事快乐的活动，可谓是一种享受。

“校园 No.1”项目由于同时具有电脑教育游戏的娱乐性、参与性、互动性、可重复、反馈及时等特点，学生们非常喜欢。学生在参与“校园 No.1”活动的过程中，没有课堂上应试时的压力，有的只是身心放松地参与到各项活动中，虽然有的项目比赛时场面也很激烈，但学生们却乐在其中，不知疲倦，从而在潜移默化中达到了轻松学习、快乐育人的目的。通过该项目，学生的内省智能、空间智能、身体 – 运动智能、人际智能等都得到了长足发展[42]。

第 5 章　电脑教育游戏在教学中应用的绩效分析

5.1 电脑教育游戏应用绩效的评价要素

本书中的绩效指在教育教学过程中由于应用电脑教育游戏，教师及学生在教与学的诸方面产生的教学成绩及教学行为习惯的变化情况。为了确定本书中绩效的评价指标，作者采用了以下方法：

（1）头脑风暴法。

所谓头脑风暴法 [43]，最早是精神病理学上的用语，指精神病患者的精神错乱状态而言的。而现在则成为无限制的自由联想和讨论的代名词，其目的在于产生新观念或激发创新设想。

作者召集了任教单位和本工作室有丰富教学经验的 6 位学科教师，就电脑教育游戏应用于学科教学后的绩效评价指标举行了直接头脑风暴会议，即通常所谓的头脑风暴法。各位老师就这一问题畅所欲言，相互启发和激励，尽可能多地激发出各种想法。最后，作者对大家的提议进行了认真的梳理和总结。

（2）文献研究法。

在查阅已有文献的过程中，作者拜读了曹丽娟的研究文章《农村中小学现代远程教育工程设施应用绩效研究》[44]，黄涛等的研究文章《“农远工程”百校五年调查与绩效分析》[45] 等文献，并对其中的应用绩效评价指标这一部分进行了认真研究和分析，抽取了部分指标加以采用。

据此，作者对电脑教育游戏在学科教学中应用绩效的评价要素归纳如下：

（1）教学成绩。

教学成绩能够最直接地反映在教学中使用电脑教育游戏后，教学发生的最直接变化，所以本研究把教学成绩作为应用绩效评估的重要指标之一。

（2）教师教学行为。

目前的课堂教学基本上实现了以学生为中心，以教师为主导的“双主教学模式”。教师在课堂中不再以核心、权威的形式出现，而是以辅助者、帮助者的角色出现。特别是电脑教育游戏在课堂教学中使用以后，教师的课堂授课行为又要发生重大的变化。所以，研究教师教学行为也是绩效评估的重要指标。

（3）学生学习行为。

学生是学习的主体。在学习中，学生如何才能学得有效、高效，这永远是教学活动所追求的终极目标。通过学习，学生的各种学习行为是否得到改善和提高，这也是在学习中使用电脑教育游戏后绩效评估要考虑的重要指标。

各项一级评估指标又可细化为若干个更具体的指标。根据前面对绩效概念的界定，我们可以把三个一级指标所代表的含义及评价的内容总结如下：对教学成绩的影响主要指使用电脑教育游戏进行教学后，实验班和对照班的成绩变化以及实验班自身在实验前后的成绩变化；对教师教学行为的影响主要指使用电脑教育游戏进行教学后，教师教学态度的转变、教学技能的提高、科研能力的提高、教学过程的改善等；对学生学习行为的影响主要指使用电脑教育游戏进行学习后，学生学习态度的转变、学习方法的改进、学习效果的改善等。

根据分析，可设计出电脑教育游戏应用于学科教学的三级绩效评估指标体系，如图5-1，图5-2，图5-3所示。

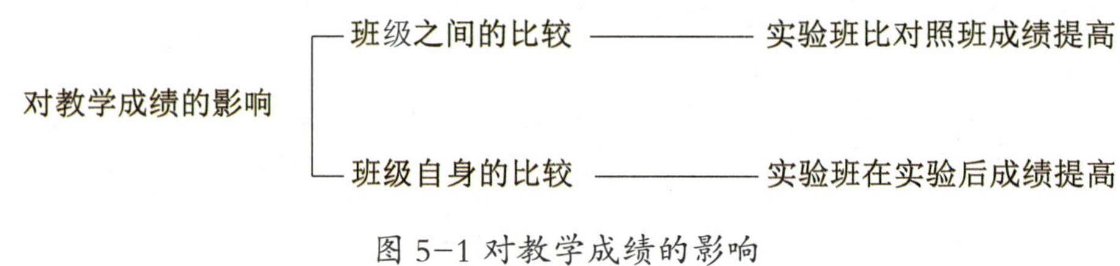

图5-1 对教学成绩的影响

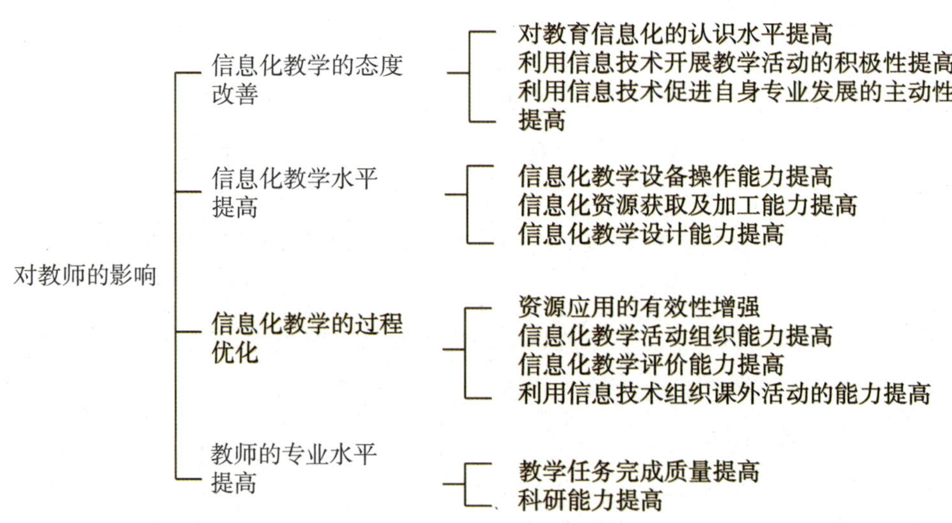

图5-2 对教师教学行为的影响（吴丽娟，2006）

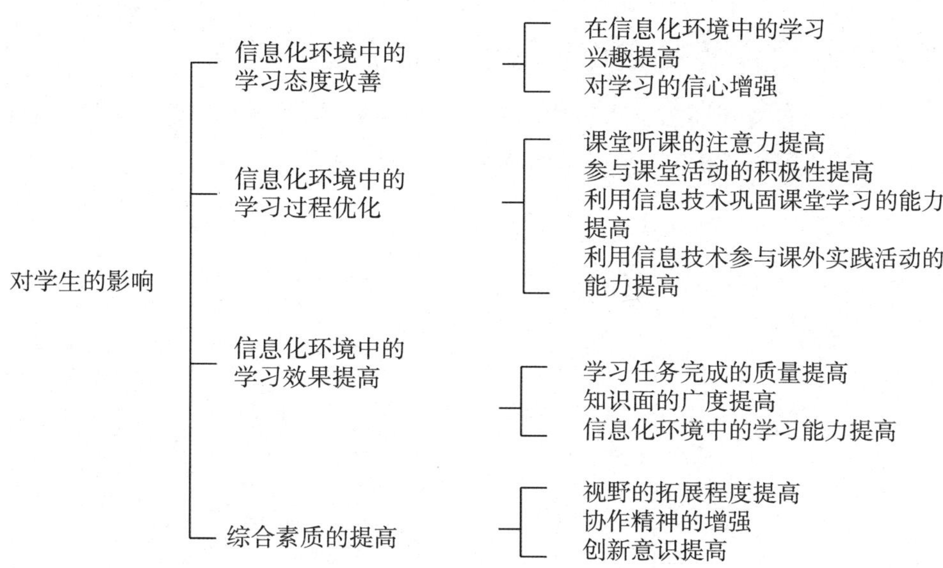

图 5-3 对学生学习行为的影响（吴丽娟,2006）

5.2 电脑教育游戏应用绩效的分析方法

关于电脑教育游戏在教学中应用绩效的分析，具体以实验研究法为主，并结合调查问卷、个人访谈等调查研究法和案例研究法来进行研究。

5.3 电脑教育游戏对教学成绩的影响分析

经过一年多的实验研究发现，学生们非常享受有电脑教育游戏的课堂，非常喜欢参与有电脑教育游戏进行的教学活动。笔者所任教的 2 个实验班在初中入学时属平行班，整体水平差不多，但在入学时的学业水平测试中，实验 1 班的班级均分在年级均分之上，实验 2 班的班级均分在年级均分之下。经过电脑教育游戏在学科教学中的应用实验后，2 个班的教学成绩都有了不同程度的上升。下面以 2019–2020 年入学成绩为基准，列出 2019–2020 学年度上学期的期末成绩和下学期的期末成绩。

表 5–1 实验班前侧和后侧平均分

班级	2019–2020 学年入学成绩（均分）	2019–2020 学年上学期期末成绩（均分）	2019–2020 学年下学期期末成绩（均分）
实验 1 班	82.3	81.8	88.1
实验 2 班	81.1	79.7	87.7

表 5–2 实验班和年级平均分

班级	2019–2020 学年入学成绩（均分）	2019–2020 学年上学期期末成绩（均分）	2019–2020 学年下学期期末成绩（均分）
年级平均分	81.5	79.2	82.3
实验 1 班	82.3	81.8	88.1
实验 2 班	81.1	79.7	87.7

表 5–3 实验班和对照班平均分

班级	2019–2020 学年入学成绩（均分）	2019–2020 学年上学期期末成绩（均分）	2019–2020 学年下学期期末成绩（均分）
对照班平均分	82.1	79.9	82.7
实验 1 班	82.3	81.8	88.1
实验 2 班	81.1	79.7	87.7

从上表所列数据可以看出，在入学时，实验 1 班和实验 2 班的成绩几乎差不多，但实验 1 班的成绩高于年级平均分，实验 2 班的成绩低于年级平均分。经过电脑教育游戏在学科教学中的应用实验后，2 个班的成绩都在逐渐上升，实验 1 班在逐步超越年级平均分，并拉开了一定的距离，实验 2 班在逐步缩小与年级平均分的同时后来还超过了年级平均分，最后 2 个班都超过了年级平均分。因此，从教学成绩来看，电脑教育游戏应用于学科教学的实验是成功的，是有利于提高学生的学业成绩的。分析其原因，除去其他因素，应该是电脑教育游戏在学科教学中发挥了积极作用，极大地激发了学生的学习热情，同时，电脑教育游戏在解决教学重点、难点方面也发挥了重要的作用。而实验 1 班整体上学风更优良，学生参与到实验研究中的兴趣更浓厚，所以最后的成绩也更好。

5.4 电脑教育游戏对教师教学行为的影响分析

5.4.1 研究对象

电脑教育游戏应用于教学后，对教师教学行为的影响分析主要采用了个别访谈法。本次研究主要访谈了 6 位教师代表，其中高级教师、中级教师、初级教师各 2 位，任教学科均为信息技术，其中有 1 名为学校领导，1 名为中层干部，其余 4 名为一线教师。各部分人员的职称、职务结构比较合理。

5.4.2 研究工具

研究初期先编制了粗线条的用于非正式访谈的半结构化的访谈提纲，对部分被访人员进行了预访谈。接着对所有准备参与访谈的人员进行了访谈培训，使他们大致了解访谈的主要过程，消除紧张感，更愿意配合访谈的进行，从而使访谈活动能够达到预期的目的。最后，使用修改后的正式访谈提纲开展了访谈活动。正式的访谈提纲涉及的内容包括：在开展应用电脑教育游戏组织教学后，教师教学态度的变化情况；教学技能的提升情况；教学过程的优化情况；教研能力的提高情况等方面。

5.4.3 研究程序

访谈活动安排在学期末学生考试结束但教师还没有放假的时间段进行，以使教师能够安心地接受访谈。访谈地点选择在环境安静的学校会议室进行。访谈前告知被访者会绝对保密访谈的隐私和细节，访谈内容只用于本研究的相关应用，并在征得被访者知情和允许的情况下，对访谈过程进行了录音和录像。

5.4.4 结果与讨论

通过对访谈结果的认真汇总和整理，发现经过一年多的电脑教育游戏在学科教学中的应用绩效研究，教师的教学行为发生了许多改变，现分述如下：

（1）教学态度发生了积极转变。

从参与访谈的教师看，老师们普遍重视教育教学理论对教学实践的作用，尤其是现代学习理论，如建构主义学习理论、动机理论、学习迁移理论、马斯洛层次需求理论等。从老师们的谈话可以看出，教师对于这些教育教学理论的认同与他们的教学实践之间存在着高度的相关性。这是因为理论对于实践具有指导作用，有什么样的理论认识就有什么样的实践活动。教师如果认可电脑游戏的教育教学功能，他在教学中就会积极采用，相反，如果他不认可，他就不会在教学中采用。例如，在谈到建构主义学习理论对电脑教育游戏的应用有何意义，多位老师都用“作用很大”“作用挺大”来概述并详细而愉快地讲述了他们许多具体的应用案例。

（2）教学技能得到了明显提升。

参与该研究的实验教师，他们的教学技能有了明显提升。这主要表现在他们对信息化教学设备的操作越来越熟练了，信息资源的获取和加工能力也优于其他老师，信息化教学设计的水平也得到了提高。由于目前能够直接应用于学科课堂教学的电脑游戏还不多，为了上好课，老师们常常要花很多时间和精力通过互联网、手机 App 等多途径获取可用的资源，还要对获得的资源进行改造，使之能够适应课堂教学的需要。这方面，几乎每个访谈的老师都有切身的体会。

（3）教学过程实现了较大优化。

研究表明，参与研究的教师的教学过程均实现了较大的优化。老师们普遍反映他们在应用信息化手段组织教学的能力比实验前有了很大提高。如，一位老师说：“在教学中普遍使用电脑教育游戏后，我感觉自己组织的课堂教学更有效了。”

另外，老师们在教学中也积极地使用信息化的手段进行教学评价，从而使评价的效率更高。如，有位老师在教学中积极尝试在线考试系统的使用，他在访谈时提道：“使用在线考试系统使我从重复性劳动中解放出来，有更多的精力考虑教学设计。”很显然，在线考试系统使教学的过程更优化了，教师和学生都可以立即得到考试结果，这对教学的组织是非常有效的。

其次，老师们利用信息技术手段组织社团活动、各类比赛活动的能力也大幅度提高。在访谈中，大部分老师都谈到应用电脑教育游戏开展社团活动及组织学生参加各类信息技术比赛活动的经历。如，深圳市的网络夏令营中有关电脑游戏的竞赛项目奥林匹克学习技能项目、博士花园、博士海滩等项目的比赛，几乎所有的信息技术老师都组织自己的学生进行了注册和比赛。从实践看，学生们非常喜欢这样的活动。

（4）教研能力得到了很大提高。

苏霍姆林斯基曾强调，教学研究是教师摆脱重复机械的劳动，进而走向幸福生活的必由之路。参与实验的教师的教研能力普遍得到了很大提高，这主要表现在两个方面。一方面，教学任务完成的质量大大提高。被访教师普遍谈到，应用电脑教育游戏的课堂学生非常喜欢，非常期待，希望多一些这样的课堂。学生乐学、教师乐教，教学相长，师生关系融洽，教学效率高。

另一方面，教师的教研能力明显提升。老师们纷纷讲述了他们参加本研究以来教研能力提高的事例。如，有位高级老师，老当益壮，参加实验研究以来，不断总结电脑教育游戏在教学实践中的应用，撰写并发表了两篇教学研究论文，其中一篇还是教育技术类核心期刊，CSSCI 期刊。一位老师的电脑教育游戏教学实践课在区级教学比赛中获得一等奖。

5.5 电脑教育游戏对学生学习行为的影响分析

5.5.1 研究对象

电脑教育游戏应用于教学后，对学生学习行为的影响分析主要采用了问卷调查法。本次调查主要测试了作者所带的 2 个实验班共 90 名同学，其中实验 1 班 49 人，实验 2 班 41 人。

5.5.2 研究工具

根据前期研究确定的在使用电脑教育游戏进行学习后，学生学习行为在学习态度的转变、学习方法的改进、学习过程的优化、学习效果的改善、综合素质的提高等几个主要要素的变化，开发设计了学生调查问卷。调查问卷围绕上述几个主要要素设立了一系列问题，对学生展开了详细的调查。

5.5.3 研究程序

为了提高工作效率，尽早获得研究数据，本次调查采用了网上集中调查的方式。地点选在学校的计算机网络教室，一次组织一个班的同学同时进行。为了保证调查的成功，先请学校的计算机管理员检查并确保网络畅通，然后将测试题目导入网络在线调查系统，并进行了预答题，看在线调查系统是否运行正常，如有问题就要及时处理。另外，调查时间的选择也注意避开教学时段的高峰期，选择在期末学生考试结束后进行，这时学生可以专心致志地完成问卷答题任务，以使调查取得良好的效果。

5.5.4 结果与讨论

本次调查均以无记名方式开展，共有 90 名学生参加，收回问卷 90 份，均为有效问卷。调查的结果和分析如下：

5.5.4.1 调查对象基本信息

性别结构：

男生 54 人，占调查人数的 60%，女生 36 人，占调查人数的 40%。

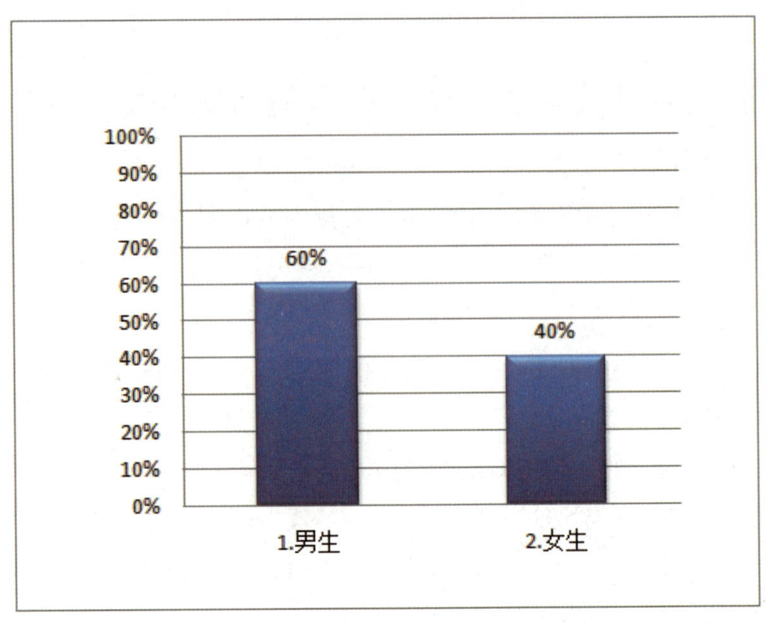

图 5-4 被调查学生的男女比例

5.5.4.2 调查内容与结果

（1）本学年你对学习的兴趣怎样？

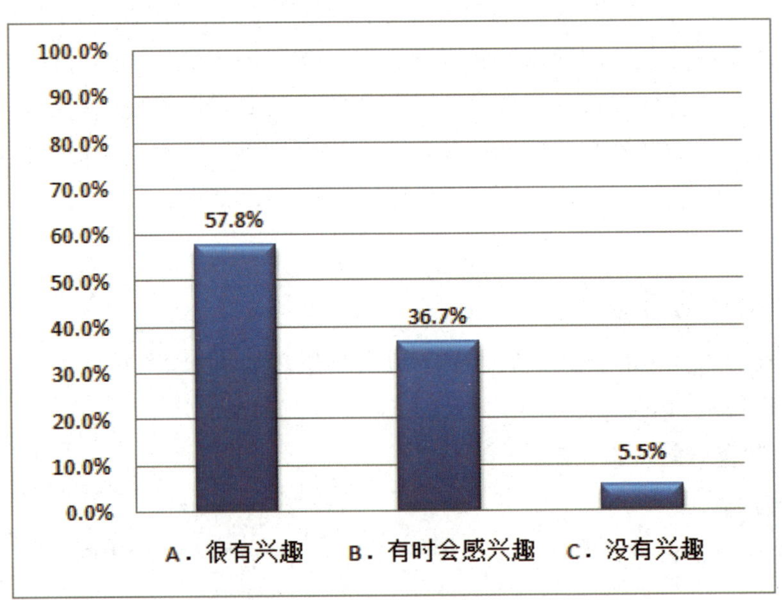

图 5-5 被调查学生本年度的学习兴趣情况

（2）你班教师在哪些课堂中使用电脑教育游戏？

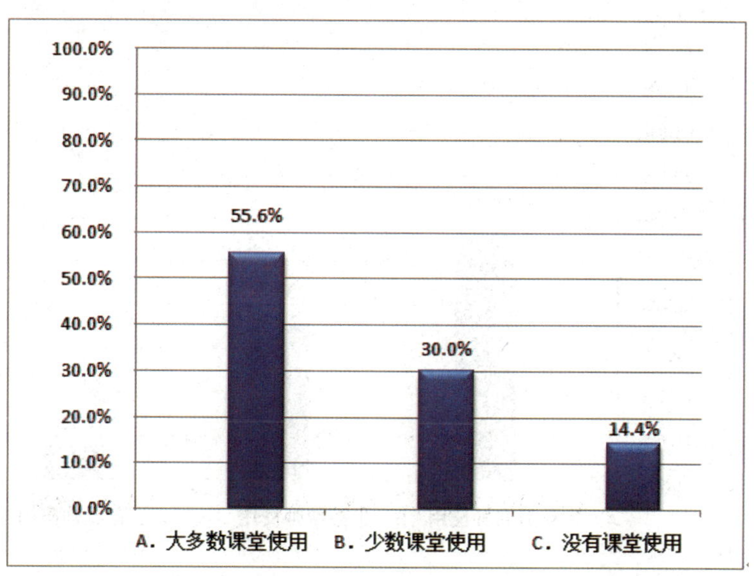

图 5-6　任课教师使用电脑教育游戏的课堂数量情况

（3）教师使用点名软件后你在课堂上发言的机会多不多？

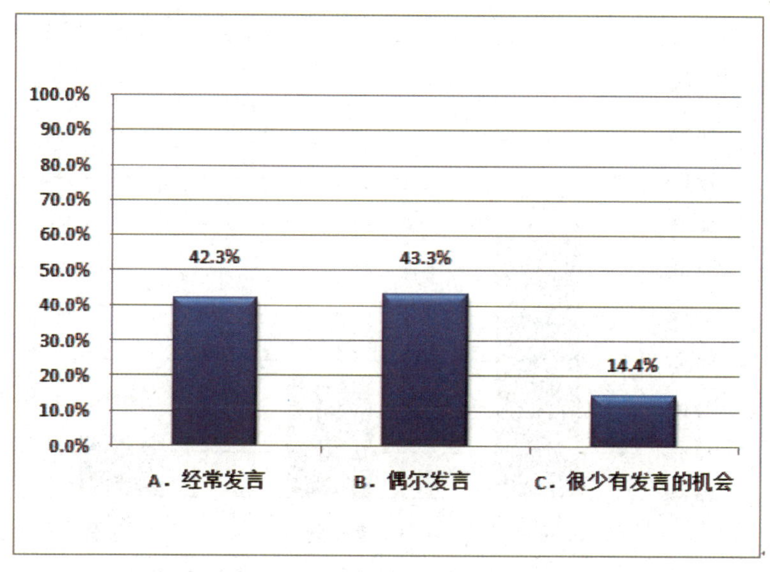

图 5-7　使用点名软件与课堂发言的情况

（4）在课堂教学中使用电脑教育游戏的教师数量?

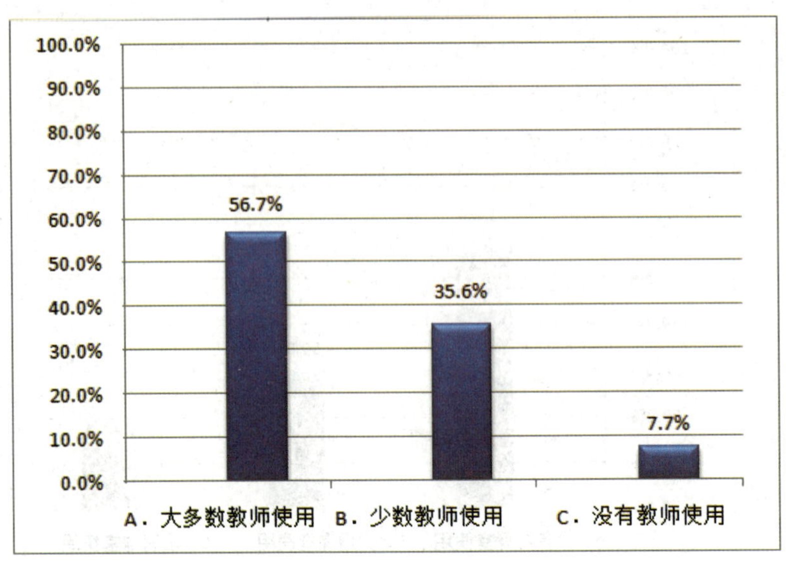

图 5-8 课堂教学中使用电脑教育游戏的教师数量

（5）在使用电脑教育游戏的课堂中，你与同学合作的习惯比以前提高情况。

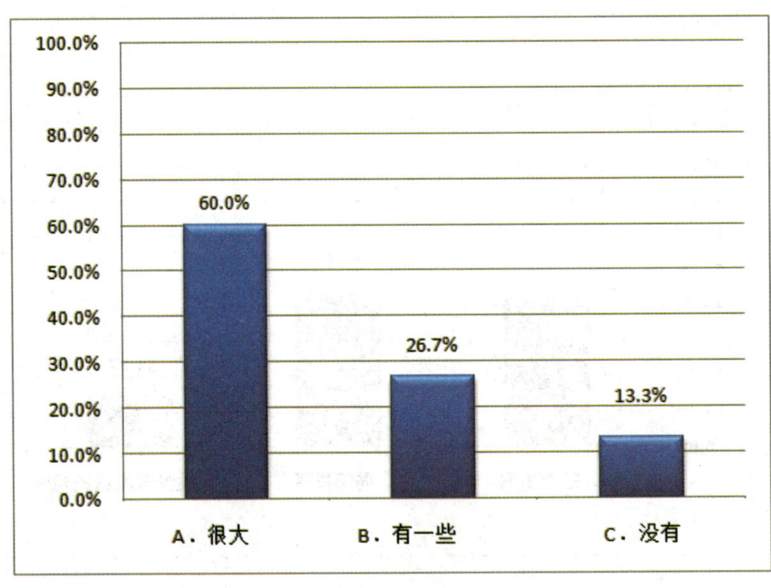

图 5-9 使用电脑教育游戏后与同学合作的提高情况

（6）教师在课堂教学中常用的游戏方式有哪些？（可多选）

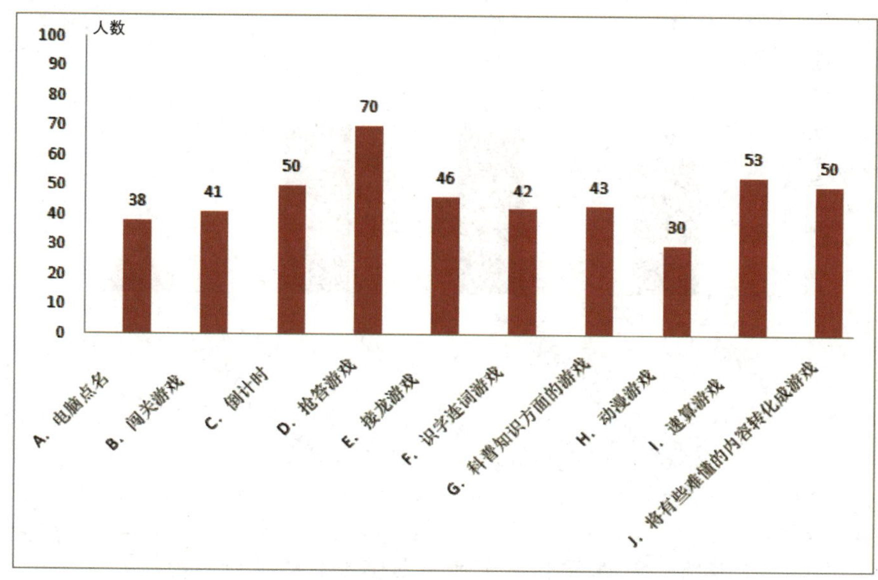

图 5-10 教师在教学中常用的电脑游戏方式

（7）你认为课堂教学中使用电脑教育游戏有哪些优点？（可多选）

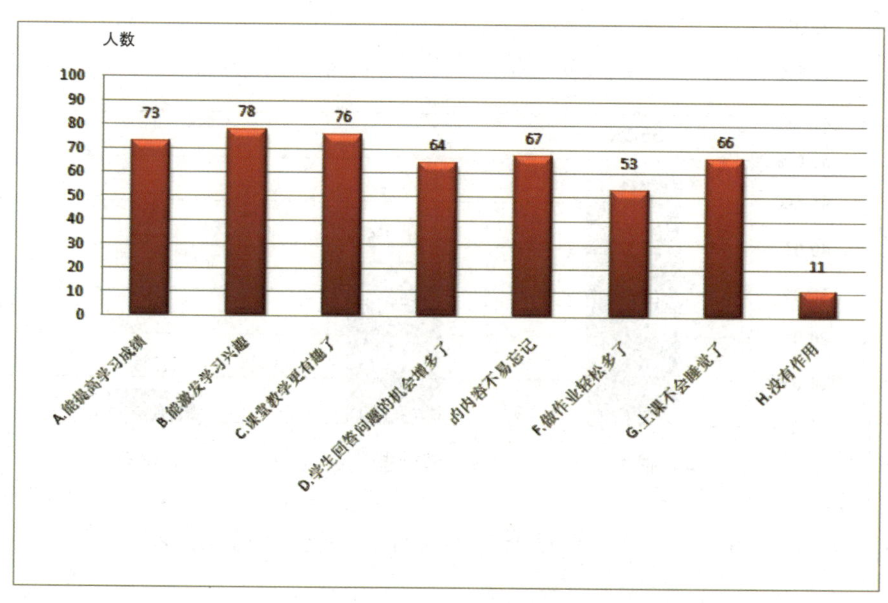

图 5-11 课堂教学中使用图电脑教育游戏的优点

（8）你喜欢在课堂教学中什么时候使用电脑教育游戏？（可多选）

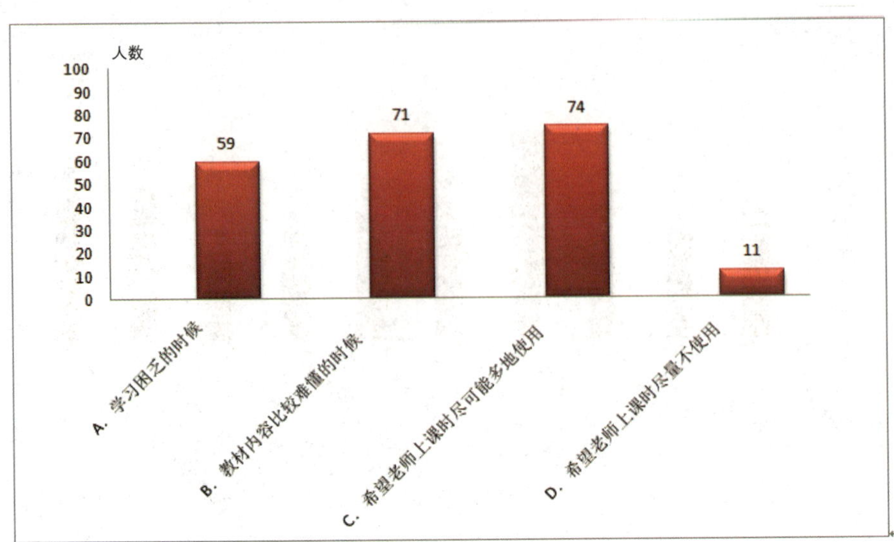

图 5-12 课堂教学中使用电脑游戏的最好时机

（9）在使用电脑教育游戏的课堂中，你的探究能力比以前提高情况。

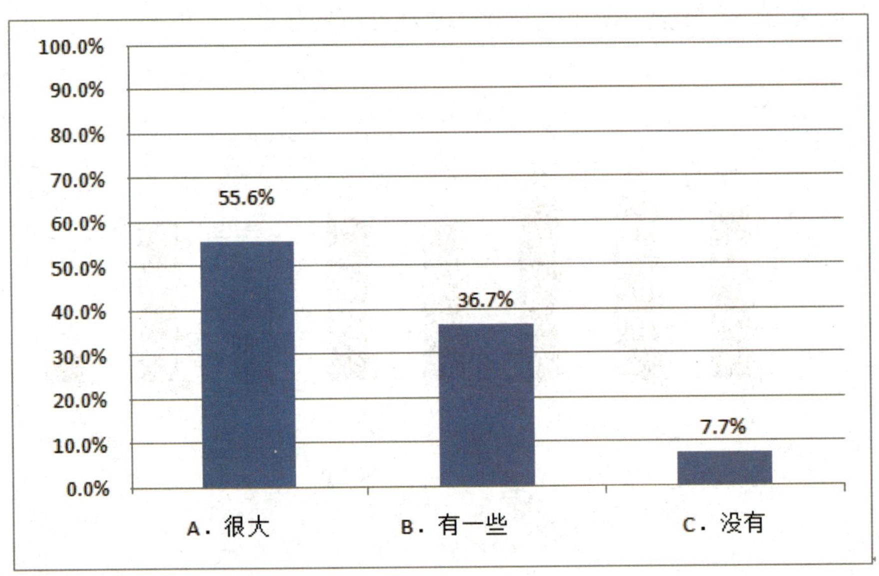

图 5-13 使用电脑教育游戏后探究能力的提高情况

（10）开展电脑教育游戏实验以来，你的学习成绩提高的情况。

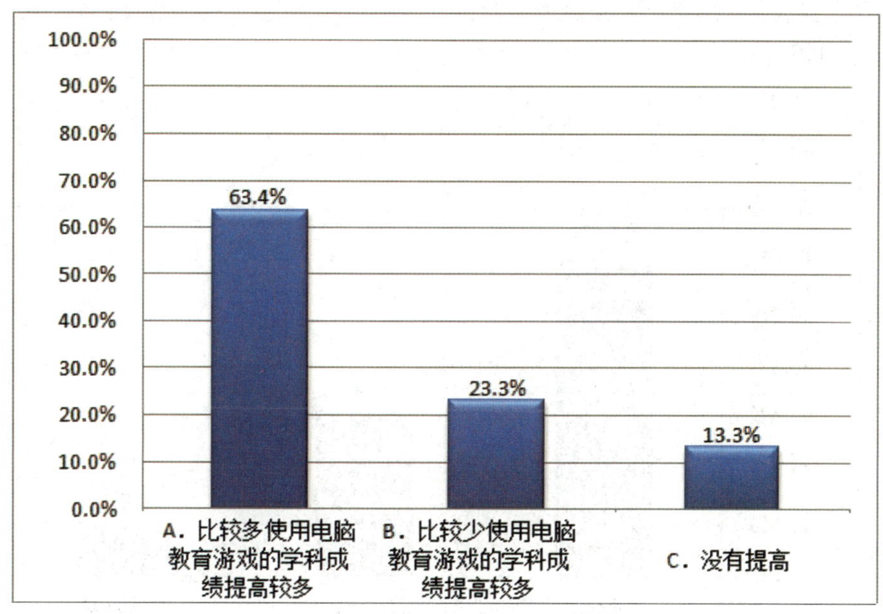

图 5-14　使用电脑教育游戏后学习成绩的提高情况

（11）你喜欢在课堂教学中使用电脑教育游戏吗？

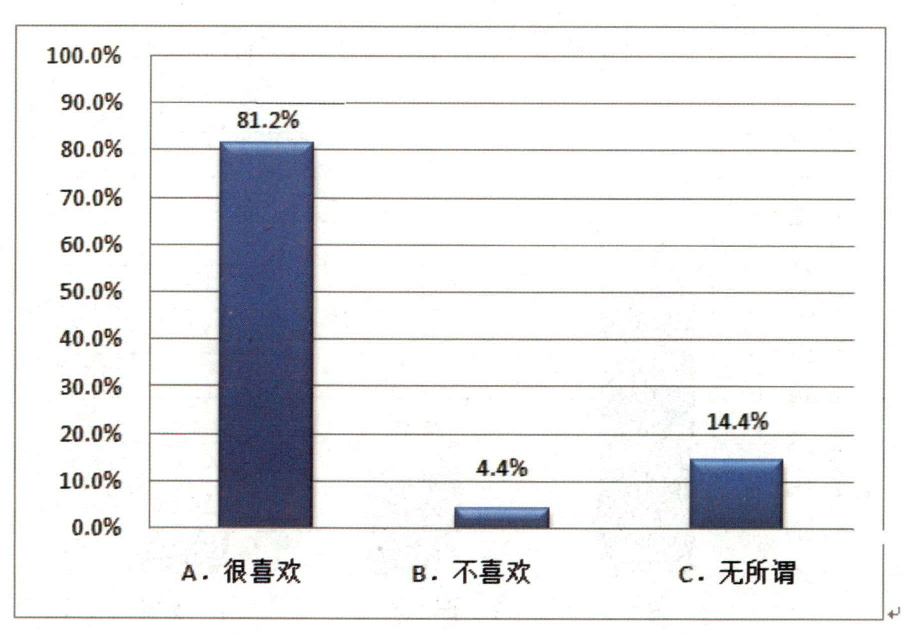

图 5-15　对教学中使用电脑教育游戏的喜欢程度

（12）在使用电脑教育游戏的课堂中，你学习的主动性比以前提高情况

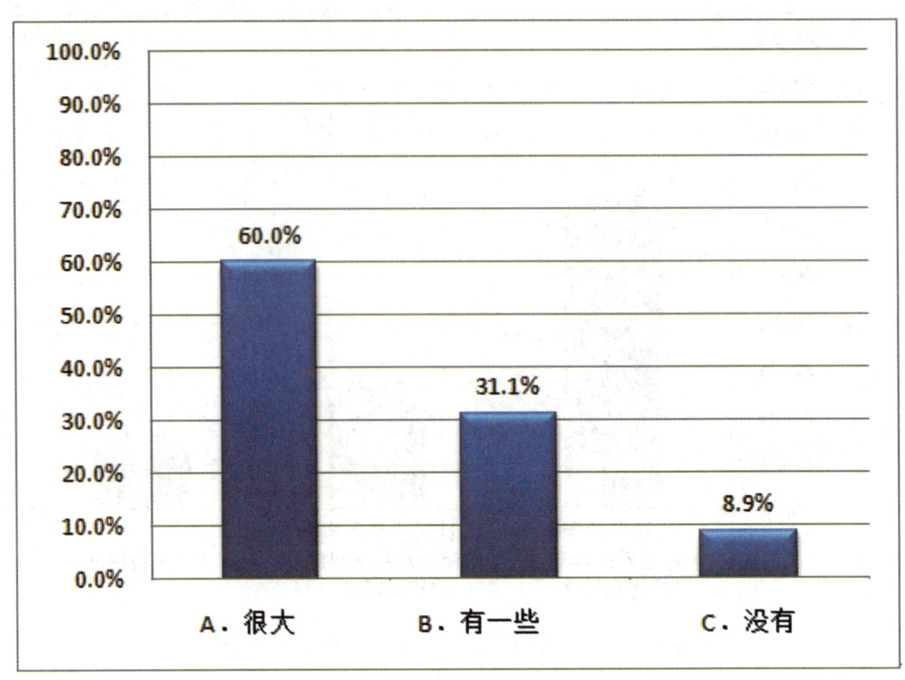

图 5-16 使用电脑教育游戏后学习主动性的提高情况

（13）在使用电脑教育游戏的课堂中，你的专注度比以前提高情况

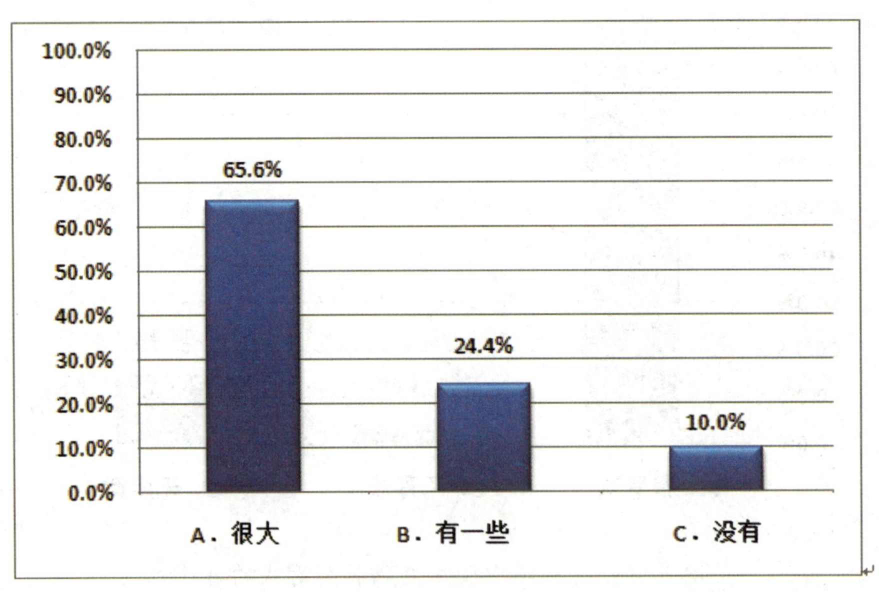

图 5-17 使用电脑教育游戏后学习专注度的提高情况

（14）在使用电脑教育游戏的课堂中，你的思考习惯比以前提高情况

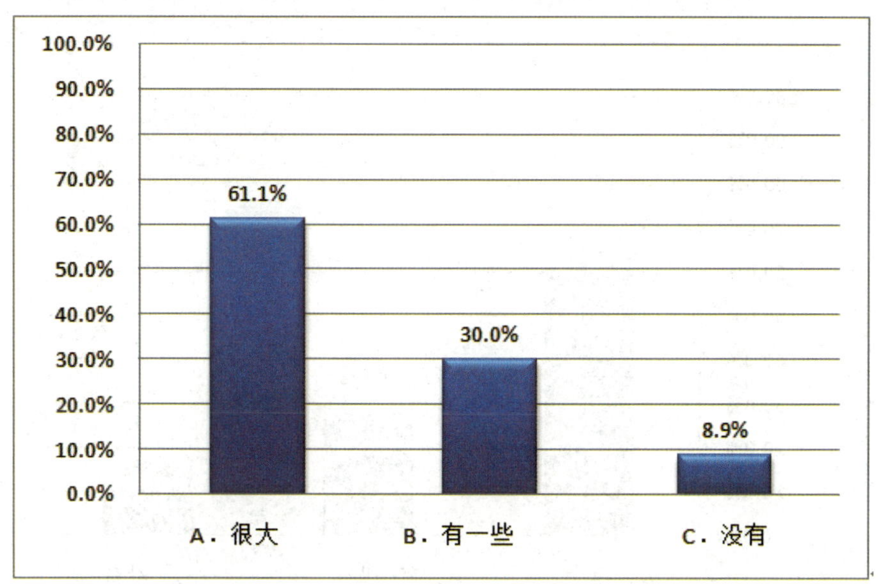

图 5-18 使用电脑教育游戏后思考习惯的提高情况

（15）在使用电脑教育游戏的课堂中，你的总结习惯比以前提高情况。

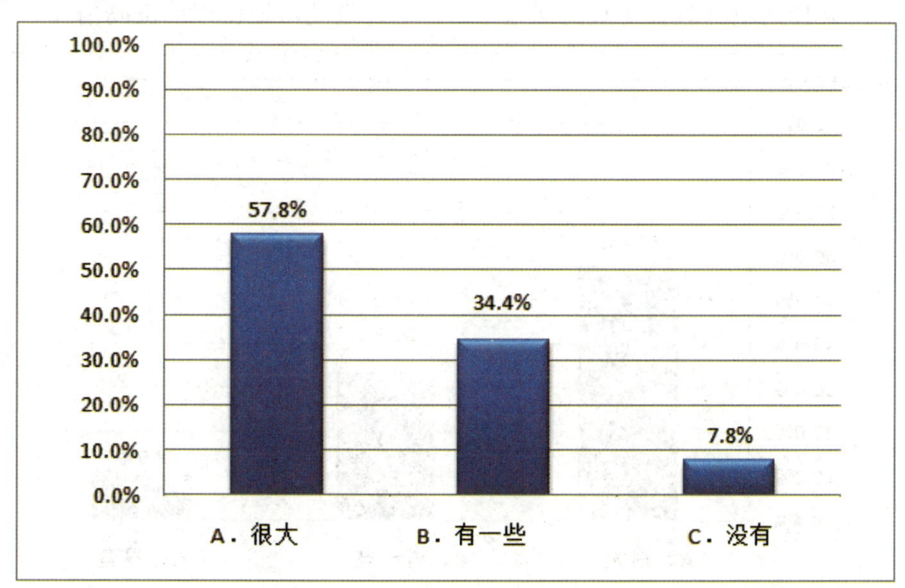

图 5-19 使用电脑教育游戏后总结习惯的提高情况

（16）在使用电脑教育游戏的课堂中，你的阅读习惯比以前提高情况

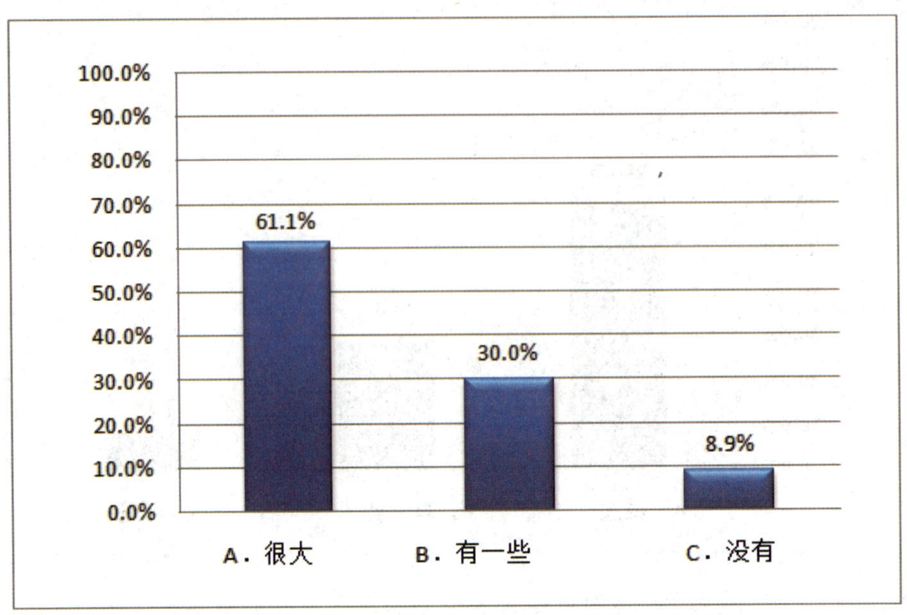

图 5-20 使用电脑教育游戏后阅读习惯的提高情况

（17）在使用电脑教育游戏的课堂中，你定计划的习惯比以前提高情况

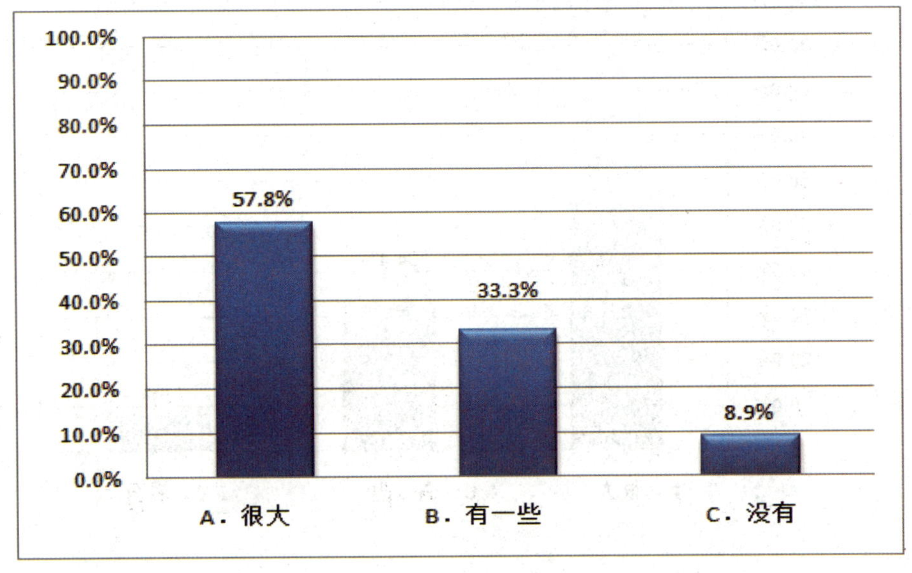

图 5-21 使用电脑教育游戏后制定计划习惯的提高情况

（18）在使用电脑教育游戏的课堂中，你的适应能力比以前提高情况

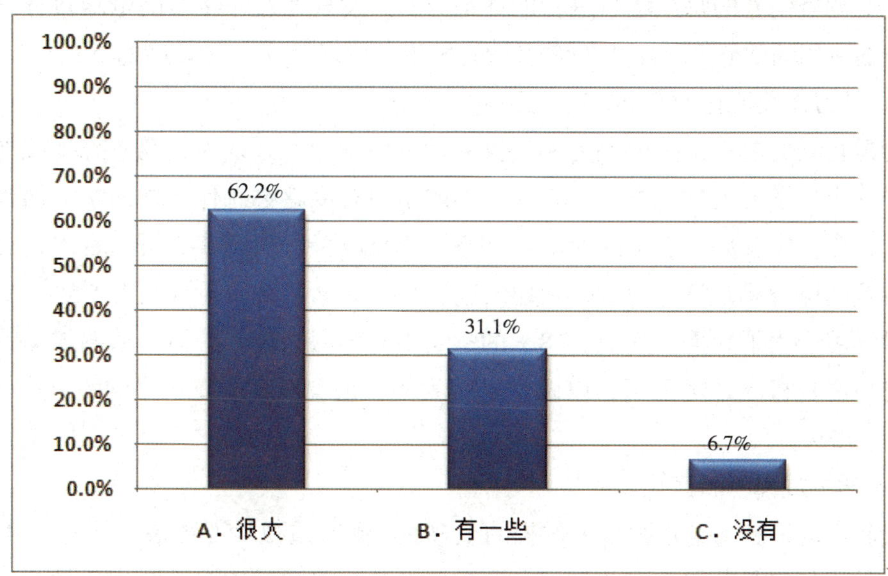

图 5-22 使用电脑教育游戏后学习适应能力的提高情况

（19）你对在课堂教学中使用电脑教育游戏进行教学这种方式的建议。

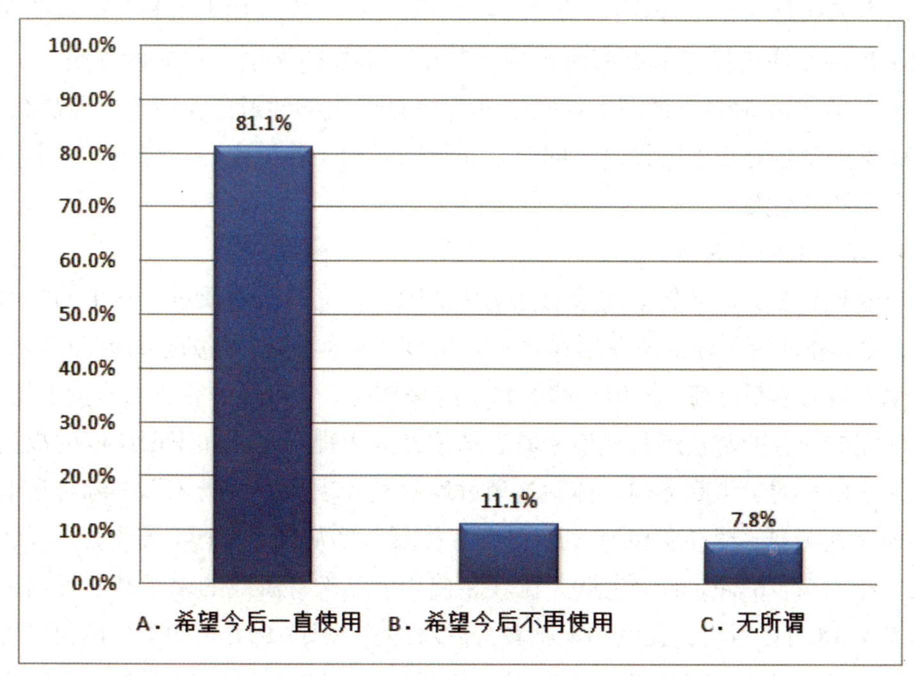

图 5-23 对课堂教学中使用电脑教育游戏的建议

5.5.4.3 调查结果分析

通过对调查问卷的每个题目进行的详细分析，发现经过一年多的电脑教育游戏在学科教学中的应用绩效研究，学生的学习行为发生了许多改变，现分述如下：

（1）学习态度明显改善。

态度是行动的前提，态度是为人处世的基本原则。有人认为，凡事态度积极，就已经成功了一半！学习也是一样的。有什么样的学习态度就会有什么样的学习结果。从问卷结果看，参与实验后，学生的学习态度有了明显改善。从图 5–5 可以看出，在应用电脑教育游戏的课堂里，学生的学习兴趣快速提高，对学习无兴趣者仅占 5.5%，94.5% 的学生都对学习产生了兴趣，其中 57.8% 的学生很有学习兴趣。同时，从图 5–7 看，学生的学习自信心也极大地增强了，以课堂发言为例，很少发言的仅占 14.4%，其中经常发言的占到 42.3%。

（2）学习过程不断优化。

现代教学理论越来越重视学习过程的重要性，即既重视学习结果，也重视学习过程。学习的目的不仅仅是获取一定的知识，更重要的是，要通过学习不断优化学习过程。因为，好的学习过程必然产生好的学习结果。通过对学生调查问卷的分析，我们发现，学生听课的注意力、参与课堂学习的积极性明显提升了，利用电脑教育游戏巩固课堂所学知识的能力和意愿也大大加强了。从图 5–17 可以看出，在使用电脑教育游戏的课堂中，90% 的学生的专注度比以前都有所提高，其中 65.6% 的学生有很大的提高。从图 5–16 可以看出，在使用电脑教育游戏的课堂中，91.1% 的学生的学习主动性比以前都有所提高，其中 60.0% 的学生有很大的提高。同时，在社团活动、各类比赛活动中，学生们都乐于参加，学习情绪高涨。

（3）学习效果显著提高。

学习效果是衡量课堂教学成败的最主要的因素。提高教学质量，学生的学习效果是否提高，也是本研究关注的重要问题之一。我们欣喜地看到，电脑教育游戏引入课堂后，学生的学习能力不断提高，知识迁移的水平越来越高。学习任务完成的质量也越来越高，不管是从完成任务的数量还是速度来看，效率都大大提升了。知识面广度的提高也非常明显，几乎所有的学生都参与、体验过奥林匹克竞技项目、博士乐园等综合游戏项目。通过参加这些项目，学生们的知识面得到了拓展。如从图 5–14 可以看出，开展电脑教育游戏实验以来，63.4% 的学生认为比较多使用电脑教育游戏的课堂其学习成绩提高较大。从表 5–18 可以看出，在使用电脑教育游戏的课堂中，91.1% 的学生的思考习惯比以前都有所提高，其中 61.1% 的学生有很大的提高。从图 5–20 可以看出，在使用电脑教育游戏的课堂中，学生阅读习惯的提高情况与思考习惯的情况完全一样。从图 5–19 可以看出，在使用电脑教育游戏的课堂中，92.2% 的学生的总结习惯比以前都有所提高，其中 57.8% 的学生有很大的提高。从图 5–21 可以看出，在使用电脑教育游戏的课堂中，

91.1% 的学生制定计划的习惯比以前都有所提高，其中 57.8% 的学生有很大的提高。

（4）综合素质全面提升。

“把外在的知识、价值观念和规范等文化转化为个人的内在精神，是教育活动中最本质的转化”[46]。可以说，培养综合素质全面发展的人，一直是我们追求的最终目标。从图 5–9 可以看出，在使用电脑教育游戏的课堂中，86.7% 的学生与其他同学合作的习惯比以前都有所提高，其中 60.0% 的学生有很大的提高。从图 5–13 可以看出，在使用电脑教育游戏的课堂中，92.3% 的学生的探究能力比以前都有所提高，其中 55.6% 的学生有很大的提高。从图 5–22 可以看出，在使用电脑教育游戏的课堂中，93.3% 的学生的适应能力比以前有所提高，其中 62.2% 的学生有很大的提高。

分析本研究的学生问卷，作者发现，通过在教学中使用电脑教育游戏，学生的视野更开阔了，协作精神增强明显，创新意识提高显著。总之，学生的综合素质有了大面积提升。

参考文献

[1] 新华网 .2013 年两会 10 大热点问题剖析之教育公平 [EB/OL].(2013-03-07)[2013-04-15].http://youth.tyust.edu.cn/a/wangshangtuanxiao/2013/0307/938.html.

[2] 新华社 .《国家中长期教育改革和发展规划纲要（2010-2020 年）》[EB/OL].(2010-07-29)[2013-04-16].http://www.gov.cn/jrzg/2010-07/29/content_1667143.htm.

[3] 教育部 .《教育信息化十年发展规划（2011-2020 年）》[EB/OL].(2012-03-13)[2013-04-16].http://www.moe.edu.cn/publicfiles/business/htmlfiles/moe/s3342/201203/xxgk_133322.html.

[4] 李凌 . 教育服务“新四化”系列报道之二·信息化 [N]. 中国教育报，2013-3-9（3）.

[5] 王蔚 . 电子游戏的教育性分类和评价体系 [M]. 北京：科学出版社，2010：7.

[6] 百度百科 . 绩效 [EB/OL].(2013-04-20)[2013-04-25].http://baike.baidu.com/view/122994.htm.

[7] 黄蔚 . 减学业负担更要减心理负担 [N]. 中国教育报，2013-4-17（2）.

[8] 龚春燕 . 实施新学习，建设学习型社会 [N]. 中国教育报，2013-4-19（6）.

[9] 杨伯峻 . 论语译注 [M]. 北京：中华书局 ,2012:86.

[10] 张屹，周平红 . 教育技术学研究方法（第二版）[M]. 北京：北京大学出版社，2013：115.

[11] 李世英 , 陈妍 . 电脑教育游戏在幼儿教育中的现状分析 [J]. 玉溪师范学院学报 ,2011(05):65-68.

[12] 刘尧 . 电脑教育游戏在幼儿教育教学中的应用 [J]. 赤峰学院学报 (自然科学版),2012(23):246-247.

[13] 吴艳敏 . 浅谈电脑教育游戏的教育功能 [J]. 科教导刊 (上旬刊),2010(07):48-49.

[14] 黄纯国 . 游戏化学习与电脑教育游戏探微 [J]. 江苏技术师范学院学报 ,2006(04):63-67.

[15] 张涛 , 高莹 . 教育游戏发展现状及所存在问题的分析 [J]. 中国现代教育装备 ,2007(11):182-184.

[16] 张屹 , 周平红 . 历年地平线报告内容分析评判记录 教育技术学研究方法 (第二版) [M]. 北京：北京大学出版社，2013:148-149.

[17] 百度文库 .2012 地平线报告 (基础教育)[EB/OL]. [2014-7-14].http://wapwenku.baidu.com/view/a00b99f804a1b0717fd5ddeb?pn=1&ssid=&from=&bd_page_type=1&uid=405B8171C2A02C4555212A827868858F&pu=rc@1,pic@on,sl@1,pw@500,sz@176_208,pd@1,fz@2,lp@32,tpl@wml,&st=1&wk=rd&maxpage=9&pos=last.

[18] 百度文库 .2012 地平线报告 [EB/OL]. http://wenku.baidu.com/link?url=4cZ0ycQGvzm-togq8gPmXtZBTSdpaSE9EToYCj2Zz7qb7FYMeUPwy8h4XNNylkgfJK5dvtbGSzYV1cE-DiGKma8JnpyitHIY5HNle_HKHLq.

[19] Vygotsky,L.S.Mind in Society[M].translated and edited by Cole,M.John-Steiner,V.,Scribner,S. MA:Harvard University Press,1978.

[20] Piaget,J. Play,Dreams and Imitation in Childhood[M]. New York:W.W.Norton&Company,1962.

[21] Isaacs,S. Social Development in Young Children[M]. London:Routledge and Kegan Paul, 1933.

[22] Meckley,A. Play communication and cognition[J].Communication and Cognition,1994,27(3).

[23] Newman,F. and Holzman,L. Lev Vygotsky:Revolutionary Scientist[M]. London:Routledge,1993.

[24]（英）尼尔·本内特，（英）利兹·伍德 . 通过游戏来教：教师观念与课堂实践 [M]. 刘焱 , 刘峰峰 , 译 . 北京：北京师范大学出版社，2009：2-3.

[25] 王蔚 . 电子游戏的教育性分类和评价体系 [M]. 北京：科学出版社，2010：8.

[26] 陈琦，刘儒德 . 当代教育心理学 [M]. 北京：北京师范大学出版社，1997：98.

[27] 叶澜 . 教育学原理 [M]. 北京：人民教育出版社，2007：310.

[28] 尹俊华，庄榕霞，戴正南 . 教育技术学导论 [M]. 北京：高等教育出版社，2011：82.

[29] 百度百科 . 建构主义学习理论 [EB/OL].（2013-10-18）[2014-7-16]. http://baike.baidu.com/view/630921.htm?fr=aladdin#2_1.

[30] 李晓东 . 教育心理学 [M]. 北京：北京大学出版社，2008：119.

[31] 百度贴吧 . 耶克斯 - 多德森定律示意图 [EB/OL].（2012-05-22）[2014-7-16]. http://tieba.baidu.com/p/1605425270.

[32] 百度百科 . 马斯洛需求层次理论 [EB/OL].（2014-07-09）[2014-07-16]. http://baike.baidu.com/view/630921.htm?fr=aladdin#2_1.

[33] 爱因斯坦 . 爱因斯坦文集（第三卷）[M]. 北京：商务印书馆，1979：144.

[34] 百度百科 . 金山打字通 [EB/OL].(2014-02-24)[2014-07-21]. http://baike.baidu.com/view/779493.htm?fr=aladdin.

[35] 百度文库 . 纳英特机器人 3D 仿真系统简介 [EB/OL].[2014-07-21].http://wenku.baidu.com/link?url=GKxbBLWhKWD0gKSHHH0EdES2Anq_PU8Yal9gVr0G2fAo6Jgy-bq5GnT8-l7pwmzB2VIE3HQ_PQs1GLzKckc3YRcjpyHquHMyK-XcxuX4pNOC.

[36] Scratch 官网 . [2014-7-21]. http://scratch.mit.edu/.

[37] 百度百科 .authorware[EB/OL].（2014-06-24）[2014-07-21].http://baike.baidu.com/view/93185.htm?fr=aladdin.

[38] 全国第十二届网络夏令营网站 .http://www.summer.sz.edu.cn/SZDJ/xialy/main_3.jsp?colid=156&colid2=171&pName= 奥林匹克大家玩 .

[39] 南山校园 No.1 网络竞技平台 . 参赛指引 [EB/OL].(2013-03-11)[2013-05-19].http://no1.nsjy.com/best/index.

[40][41][42] 童宇阳 . 基于“校园 No.1”的校园电视多元智能育人的应用 [J]. 教育信息技术 ,2014(06):67-70.

[43] MBA 智库百科 . 头脑风暴法 [EB/OL].[2014-9-20].http://wiki.mbalib.com/wiki/%E5%A4%B4%E8%84%91%E9%A3%8E%E6%9A%B4%E6%B3%95#.

[44] 曹丽娟 . 农村中小学现代远程教育工程设施应用绩效研究 [D]. 武汉 : 华中师范大学 ,2006.

[45] 黄涛 , 王继新 , 林迎迎 .“农远工程”百校五年调查与绩效分析 [J]. 中国电化教育 ,2013,04:52-55.

[46] 叶澜 . 教育研究方法论初探 [M]. 上海：上海教育出版社，1999：330.